名师工程 教师成长系列

○重庆市规划办课题“指向深度学习的中学英语单元整体教学实践研究”（2020—09—507）研究成果。

○“重庆市南岸区课程教学改革高中英语种子教师主题研修工作坊”研究成果。

指向深度学习的英语单元整体教学解码

陈传霞◎著

西南大学出版社
国家一级出版社 全国百佳图书出版单位

图书在版编目(CIP)数据

指向深度学习的英语单元整体教学解码 / 陈传霞著
. -- 重庆 : 西南大学出版社, 2023.3
ISBN 978-7-5697-1510-1

Ⅰ. ①指… Ⅱ. ①陈… Ⅲ. ①英语课－教学研究－中学 Ⅳ. ①G633.412

中国版本图书馆CIP数据核字(2022)第170269号

指向深度学习的英语单元整体教学解码
ZHIXIANG SHENDU XUEXI DE YINGYU DANYUAN ZHENGTI JIAOXUE JIEMA

陈传霞 著

责任编辑: 李 君
责任校对: 于诗琦
装帧设计: 闰江文化
排　　版: 张 祥
出版发行: 西南大学出版社
重庆·北碚　　邮编:400715
印　　刷: 重庆市国丰印务有限责任公司
幅面尺寸: 170 mm×240 mm
印　　张: 16
字　　数: 222千字
版　　次: 2023年3月第1版
印　　次: 2023年3月第1次印刷
书　　号: ISBN 978-7-5697-1510-1
定　　价: 49.00元

序

FOREWORD

初识陈传霞老师是在2012年10月，当时她是“国培计划2012”培训班的学员。在长达半年的交流指导中，她的好学、善学及勤于反思，给作为该班培训师的我留下了深刻的印象。

此后我们一直有关于教学方面的交流。2020年春季，重庆第二外国语学校启动基于“主题—联结”的深度学习课堂改革，陈传霞老师作为分管教学的校长亲自参与学习，促进课堂改革真正进入课堂。在线上和线下的活动中，我总能感受到陈老师的乐学善思。在课堂观摩后她常有论文发表，论文多次获得国家级、市级一等奖。她在理论学习、课堂教学实践与反思方面的积累和成长清晰可见。

几个月前，我收到了陈传霞老师及其课题研究团队的案例集，虽非正式出版物，但看着一个个理论、一个个案例、一个个课堂的教学实践，令人思考，给人启示，我建议她带领课题团队基于策略和实践进行编写工作，从而出版成册。之后她联系我，书即将出版，想请我写序。虽然手头工作很多，但我毫不犹豫地答应了下来。

阅读这些理论与实践相结合的内容时，我可以明显感受到陈传霞老师及其带领的各位参与实践研究的英语老师正幸福地行走在教育教研的路上。他们将课题研究中的文献、思考、实践、案例串联了起来，从理论支撑、策略提炼、案例实施、反思总结四个方面全方位整合研究，形成资料。陈老师及其课题研究团队收获了努力付出后的成功喜悦，由此而来的幸福感是不言而喻的。

陈传霞老师及其课题研究团队所著的《指向深度学习的英语单元整体教学解码》，是他们扎扎实实地开展教学研究，不断在思考中改进提升，从理念到课堂实践，反思、再反思、再升华的成果；是他们三年来教学研究的总结，探讨了英语学科核心素养培育的路径——深度学习视角下的单元整体教学，覆盖了深度学习的操作原理、可行性、发生机制、各种课型的设计策略、单元整体教学案例实践等内容。从该课题研究中可以发现：在先进理念的引领下，一线教师在平凡的教学中，亦能做出不平凡的成绩。在本书中，可以看到该团队对学生英语学科核心素养培养的执着追求，并将这份追求融入每一个单元的教学设计和每一个课堂活动环节，在如诗如歌的教育之路上，洒下一路芬芳。

黄学军

于西南大学

前言

PREFACE

在英语教学中，教师的一个困惑是：很多学生学习了词汇、语法、句型、语篇，却不知道如何恰当地使用，阅读能力并没有提高。学习实效性不佳，导致很多学生是为考试而学，而不是源于对语言学习的真正兴趣而学。培养学生主动地、积极地、批判地参与具有挑战性的英语学习，围绕特定主题的学习任务链，掌握英语学科核心知识和思维方式，并能将所学知识迁移到生活情境中解决实际问题的能力的有意义的学习过程，是英语教师当前共同关注的话题，也是培养学生英语学科核心素养的目标追求。2020年3月，本人及研究团队共同申请了重庆市教学科学研究院规划课题“指向深度学习的中学英语单元整体教学实践研究”。课题组核心成员对“指向深度学习的英语单元整体教学”这一主题非常认同，积极开展课题研究。如何基于英语学科核心素养，开展深度学习视角下的单元整体教学是本课题研究聚焦探讨的一个核心问题。本课题研究，从理论基础、提炼策略、课堂实践三个维度展开。研究的主要问题是：如何让英语教学中的深度学习真正实现——“探寻学理”；如何形成一套较为成熟的、课型针对性强的单元整体教学设计策略——“提炼策略”；如何在中学（初 / 高）阶段形成可模仿的单元教学设计案例——“打样模仿”。

基于三年来深入的教学实践研究，我们将本书写作主线确定为指向深度学习的中学英语单元整体教学，力求构建中学英语单元整体教学要素框架，即课标解读、单元整体分析、学情分析、单元目标设定及课时目标分解、教学活动设计、学习效果评价六个方面，并结合实际教学案例对其进行解析。希望本书能够引导更多教师从《普通高中英语课程标准（2017年版）》（以下简称《课标》）中对学生英语学科核心素养培养的要求出发，审视自身的教学以及当前英语的教与学。有些教师说：“无论教学怎么改，英语总是外语，离不开单词、短语、语法等基本要素的学习。”诚然，英语作为外语，其教学少不了对这些基础知识的学习。但基于本课题研究，本书探讨的内容是：培养学生主动地、积极地、批判地参与具有挑战性的英语学习，围绕特定主题的学习任务链，掌握英语学科核心知识和思维方式，并能将所学知识迁移到生活情境中解决实际问题的能力的有意义的学习过程。一味进行碎片化的学习，对学生的知识建构和学用结合会有很大的消极影响。

深度学习是促进学生积极思维、高效参与课堂的一种有力途径，高投入、高认知、高产出，学生需要的不是简单的识记，而是需要学会运用高阶思维；学生需要积极主动地参与有深度的学习，而不是被动为之；学习结果深度融合，学生通过学习能够理解、迁移知识以及发展批判性与创造性思维。

为本书写作出版提供帮助的老师有张景顺、陈春芹、黄婷、何可可、李佳、罗华东、杨雅茹、杨珠、董莉、余林秒、陈华等。感谢以上各位老师以及各位课题组成员深入开展研究，不断提炼研究成果，并在书稿写作过程中贡献智慧。感谢重庆第二外国语学校的各位领导对本课题研究给予的专业支持和帮助，这使我们团队能够深入开展研究，提炼并呈现研究成果。感谢西南大学出版社的编辑老师在本书出版过程中付出的专业智慧和汗水。

希望本书能够为英语教师深入探讨单元整体教学的设计和实施策略、培养学生的英语学科核心素养提供思路。期待本书能够引发更多教师形成教学智慧。

指向深度学习的英语单元整体教学尚属较新的领域。由于本人及研究团队深入开展研究的时间有限，本书难免有疏漏之处，敬请广大读者批评指正。

陈传霞

2022年4月

目录

CONTENTS

第一章 英语学科中的深度学习

003 ……第一节 深度学习缘起

005 ……第二节 深度学习概述

016 ……第三节 深度学习与《课标》和核心素养落实的要求

021 ……第四节 深度学习的教学要求

第二章 中学英语单元整体教学

027 ……第一节 英语单元整体教学要义与特征

029 ……第二节 单元整体教学下的教与学

第三章 英语教学中的各种课型理论基础与深度学习结合

035 ……第一节 基于深度学习的中学英语听说教学设计策略

043 ……第二节 基于深度学习的中学英语阅读课教学设计策略

050 ……第三节 基于深度学习的中学英语语法课教学设计策略

059 ……第四节 基于深度学习的中学英语写作教学设计策略

第四章 中学英语单元整体教学教材内容分析策略

067 ……第一节 教材的概念

069 ……第二节 单元整体教学下的教材内容分析

075 ……第三节 中学英语单元整体教学目标提炼策略

080 ……第四节 中学英语单元整体教学学习小单元划分策略

087 ……第五节 中学英语单元整体教学学生活动设计策略

096 ……第六节 中学英语单元整体教学评价活动设计策略

100 ……第七节 中学英语单元整体教学课后作业设计策略

第五章 初中案例实践

111 ……第一节 初中单元整体教学案例一——人教版（2018）《英语》九年级 Unit 2

138 ……第二节 初中单元整体教学案例二——人教版（2018）《英语》八年级下册 Unit 4

第六章 高中案例实践

167 ……第一节 高中单元整体教学案例一——人教版（2019）高中《英语》必修一 Unit 4

196 ……第二节 高中单元整体教学案例二——人教版（2019）高中《英语》必修三 Unit 3

第七章 探索与实践促进教师专业成长

231 ……第一节 教师专业成长的重要性

234 ……第二节 探索与实践促进教师专业成长

238 ……第三节 探索与实践后的反思和建议

参考文献 / 239

第一章

英语学科中的深度学习

第一节 深度学习缘起

“深度学习”概念最早由来自瑞典哥德堡大学的马顿(Ference Marton)和萨乔(Roger Saljo)提出。1976年,他们在研究大学生进行大量散文阅读任务的情况时,发现学生的信息处理能力在学习过程中处于不同水平。表现出的不同学习过程和使用的学习策略以及理解和记忆的差异化学习结果,呈现出浅层和深层的差异。当学生的学习过程表现为机械的死记硬背、使用浅层学习策略时,只能获得对问题的浅层回答。当学生使用深层学习策略时,文章的主题和主要观点则会被关注到。两位学者指出深度学习是一个知识的迁移过程,有助于学习者提高解决问题并做出决策的能力。大多数研究者认为深度学习是相对于浅层学习的一种知识加工方式(或者说是一种学习方式)。

比格斯(John Biggs)认为,深度学习包含高水平或者主动的认知加工,对应的浅层学习则采用低水平认知加工,比如,简单记忆或者机械记忆。我国学者黎加厚等认为,深度学习是指在理解的基础上,学习者能够批判地学习新思想和事实,并将它们融入原有的认知结构中,能够在众多思想间进行联系,并能够将已有的知识迁移到新的情境中,做出决策和提高解决问题的学习能力。

郭华(2016)指出教学离不开知识(人类历史文化成果)的学习,但教学绝不是把储存在书本上的知识转移到学生的头脑里再储存起来,而是要把外在于学生的、和学生没有关系的知识,在教学中转化为学生主动活动的对象,从而与学生建立起意义关联,并通过学生个体的主动学习转变成学生成长的养分。他还给出了深度学习的定义,就是指在教师引领下,学生围绕着具有挑战性的学习主题,全身心积极参与、体验成功、获得发展的有意义的学习过程。在这个过程中,学生掌握学科的核心知识,理解学习的过程,把握学科的本质及思想方法,形成积极的内在学习动机、高级的社会性情感、积极的态度、正确的价值观,成为既具独立性、批判性、创造性又有合作精神,基础扎实的优秀的学习者,成为未来社会历史实践的主人。

第二节 深度学习概述

一、深度学习的实质

从学习论的角度而言,深度学习聚焦过程与结果,它是以学习者高阶思维形成、创新能力提升和精神影响为旨归,突出参与、体验和生成,并促进学习者核心素养培育的一种学习方式。深度学习是相对于表层学习、机械学习、无意义学习而言的,是学习者认知、情感、思维高度摄入的一种学习方式,不仅突出学习者对学习内容的深度理解和个体建构,而且强调学习者基于个体经验实现对学习内容的同化、顺应,进而内化到个体的认知结构中,并在差异化的情境中实现迁移。同样,美国国家研究委员会(NRC)认为,深度学习是个体将学习的知识从一种情境应用到另一种新的情境的过程,即迁移。其具有三层意蕴,首先是学习目标的"深层",这意味着深度学习的目标不仅涉及知识的理解、能力的获得,而且强调思维的训练、创新精神的形成以及灵魂的震撼,指向对学习者产生长远而持久的影响目标。其次是学习过程的"深入",深度学习不是浅尝辄止,由于学习对象是具有挑战性的问题,因此就要求学习者必须全身心地投入学习过程中,而学习过程是学习者认知、情感、思维、意志高度统合整理和参与的过程,循证、分析、综合、质疑、批判等思维方式内蕴其中。再次是学习结果的“深刻”，深度学习指向学习者的获得和体验，“获得”不仅包括对知识的理解、能力的提升，而且更注重方法的掌握、思维的训练；“体验”则是在真实情境中，学习者内在动机的诱发、“获得感”的萌生、情感的陶冶以及精神的升华。

二、深度学习的认知深度与高度

深度学习体现了三个方面的“深度”：一是认知的深度，不是简单的识记，而是需要运用高阶思维；二是参与的深度，积极主动地参与学习，而不是被动为之；三是结果的深度，通过学习能够理解、迁移以及发展批判性与创造性思维。从这个意义上说，深度学习彰显了学生学习中的三个“高”。

（一）高投入

高投入主要是指学生的情感投入和深度参与，具体表现在学生的意愿、信念和毅力等方面。首先，学生对学习任务表现出较强的兴趣，想把它学好。其次，在整个学习过程中，始终相信通过自己的努力一定能够学好，并保持积极的状态。再次，不管遇到什么困难，学生总会想办法去克服，有一股学习的韧劲，这也是自我领域所涉及的关键能力。

（二）高认知

一方面，学生基于不同的学习任务，能够调用与之相应的高阶思维，如与阅读对应的往往是提炼、解释、归纳、整合等认知活动；另一方面，能够综合这些高阶思维，联系、加工、处理、转换与任务密切相关的信息和知识。联系是调动已有的知识与体验，将其运用到新的任务学习中去。加工和处理是将外部的任务信息变成自己领悟的信息。转换是探究信息背后的原理和思维方法，对信息的取舍与组合做出合理的判断，生成知识或建构新的知识网络。

（三）高产出

高产出是结果深度的表现，主要体现在学习质量的三个层次的变化上。第一层是能够将教师传递的任务信息转变成自己的信息，掌握任务中的知识要点，达到"要点弄通"。第二层是能够将所学内容与旧的认知联系起来，建构相关学科的核心知识结构，做到"多点联通"。第三层是能够运用知识结构解决不同情境中的各类问题与任务，实现"触类旁通"。

三、深度学习认知过程

深度学习认知过程是图式建构的全过程，包含内化、调和、归纳、迁移四个阶段。调和、归纳和迁移中的任意一个阶段可根据学习者个体情况向前返回并循环。内化阶段，即学习者通过项目式学习，参与、感知、体验和理解学习内容的过程。调和阶段主要在内化的基础上进行，学习者在这一阶段会产生多种理解、疑惑甚至误解，需要对多种认知进行选择、重组和反思，进而开始建构自身的认知结构。归纳阶段主要对调和阶段逐渐统一的认知进行反思和整理，形成合理的认知结构，在科学认知和结构化的基础上，融合和选择不同的策略去解决同一问题，形成最优路径，进而实现自动化。迁移阶段逐渐形成稳定的图式，并能迁移到不同的情境和问题解决中去，同时在这一过程中，也会不断修正和改良已有的图式。

詹森(Eric Jensen)和尼克尔森(LeAnn Nickelsen)在布鲁姆(Bloom)的认知分类层次的基础上提出精细加工活动的过程包括:觉知,分析到综合,应用,同化等阶段。该过程与英语学科中的学生学习活动阶段从本质上来说是一致的。基于核心素养的英语学习活动观中学习理解类活动包括感知与注意、获取与梳理、概括与整合等方面,这一层次的活动更多指向输入过程,属于浅层次的理解和记忆活动。实践应用类活动整合了表层信息,进一步进行描述与阐释、分析与判断、内化与运用,致力于将知识转化为能力。迁移创新活动包括推理与论证、批判与评价、想象与创造,更多指向输出目标。

四、深度学习的特征

深度学习是触及学生心灵的教学,苏霍姆林斯基(1981)明确指出,用记忆替代思考,用背诵替代对现象本质的清晰理解和观察是一大陋习,能使孩子变得迟钝,到头来会使他丧失学习的愿望。深度学习高度整合了教师、学生、知识等教学核心要素,郭华(2016)提出深度学习具有以下五个特征。

(一)联想与结构

"联想与结构"是经验与知识的相互转化,既指学生学习方式的样态,也指这样的学习方式所处理的学习内容(学习对象)。作为学习方式的样态,其要处理的是外在知识与学生经验之间的转化问题。既要调动以往的经验来参与当下的学习,又要将当下的学习内容与已有的经验建立起结构性关联,从而使知识转化为与学生个体有关联的、能够操作和思考的内容(对象)。"联想与结构"需要学生的记忆、理解、关联能力以及系统化的思维与结构能力的发展。其作为学习方式所处理的学习内容,是在结构系统中的知识,并能被其他知识说明。也就是说,学生所学的知识不是零散、碎片式、杂乱无章的信息,而是有逻辑、有体系、有结构的知识;学生也并不是孤立地学习知识,而是在教师的引导下,根据当前的学习活动去联想、调动、激活以往的经验、知识,以融会贯通的方式对学习内容进行组织,从而建构出自己的知识结构。换言之,学生以建构的方式学习结构中的知识,从而也通过建构将学习内容本身所具有的关联和结构进行个人化的再关联、再建构,进而形成自己的知识结构。

(二)活动与体验

“活动与体验”是深度学习的核心特征,涉及学生的学习机制问题。“活动”是指以学生为主体的主动活动,而非简单的肢体活动,“体验”是指学生作为个体全身心投入活动时的内在体验。学生的学习,不是被动地去接受外在知识的灌输,也不是从实践开始的盲目试误,而是通过主动的、有目的的活动,对人类已有认识成果及其过程的学习与体验。它需要学生全身心地投入,真正成为教学活动的主体。

(三)本质与变式

“本质与变式”涉及如何处理学习内容(学习对象)的问题。把握事物的本质,要求学生具备深刻而灵活的思维特质,同时也在对学习对象进行深度加工、把握事物本质的过程中,发展学生这样的思维品质。把握事物的本质,是建构知识结构的前提,也是以简驭繁、削枝强干的前提。把握了事物的本质,便能于万千事实中把握根本,由博返约,头脑清楚;把握了事物的本质,才能认识本质的多样表现、各种变化,才能举一反三,闻一知十。它要求学生能够抓住教学内容的本质属性去全面把握知识的内在联系，而不是简单地掌握孤立的知识点或记忆更多的事实性知识。把握事物本质的过程，便是去除非本质属性的干扰，分辨出本质与非本质属性区别的过程，更是对学习内容(学习对象)进行深度加工的过程。因此，把握事物的本质就不是直接从教师嘴里听到关于事物本质的文字描述，而是通过学生的主体活动去把握，或者是“质疑”“探究”，或者是“归纳”“演绎”，或者是“情境体验”等，让学生与自己正在学习的内容之间建立一种紧密的灵魂联系。只有这样，事物的本质才会显现，也才会在学生面前展现出它最生动、最鲜活的风采。

(四)迁移与应用

“迁移与应用”涉及间接经验直接化的问题，即将所学知识转化为学生综合实践能力的问题。它需要学生有综合的能力、创新的意识，同时也通过这样的活动有意识地培养学生的综合能力、创新意识。有学习就会有迁移，甚至“学习就是迁移”“学习为了迁移”。“迁移与应用”更重要的意义在于，这是学生在教学活动中对未来要从事的社会实践的初步尝试，也是教学具有教育性的重要体现。这是我们以往未曾自觉关注而需要特别予以重视的。

(五)价值与评价

“价值与评价”涉及教学的终极目的及意义问题，即明确教学是培养人的社会活动，要以人的成长为旨归。深度学习的教学活动要自觉帮助学生形成正确的价值观，形成学生发展的核心素养，同时，在教学活动中，要自觉引导学生能够有根据地评判在教学活动中所遭遇的人与事。从学生发展角度来看，全部的学习活动都内隐着“价值与评价”这一要素。它不是某个独立的学习阶段或环节，却萦绕在各个阶段、各个环节以及每个活动中。培养学生对所学知识以及学习过程本身做出价值评判的意识与能力，一则使学生自觉思考所学知识在知识系统中的地位与作用、优势与不足、用途与局限，二则使学生主动对所学知识及学习过程进行质疑、批判与评价。换言之，要使学生养成这样的品质与意识：既要承认“知识的力量”，肯定知识的正面价值，又要警惕知识可能带来的束缚与奴役；既要积极主动地将外在知识内化于己，又能持客观冷静的态度，与知识保持一定的距离；既要主动展开学习的过程，又要对学习活动展开的过程以及方式持有批判反思的态度。也就是说，学习知识是为了成为知识的主人，而不是被知识所奴役；学习过程既是学习知识的过程，也是学生成长的过程，要用正当、合理的方式而不能“不择手段”。在这个意义上，学习内容以及学习方式都必须成为学生反思的对象，学什么、怎么学都需要反思批判，不能把它当作理所当然的存在。当然，对知识及其学习过程进行评判的意识与能力，不是自然而然形成的，而是在“活动与体验”中，在“参与”知识形成的过程中，在批判性认识、理解的过程中形成的。对所学知识及其过程进行评判，既是手段也是目的，其终极目的则在于养成学生自觉而理性的精神与正确的价值观，形成学生自主发展的核心素养。可以说，关注学生理性精神与价值观的形成，关注学生核心素养的形成，是教育活动与其他活动的根本差别。当然，价值观的培养、学生核心素养的形成过程，既是一个隐性的过程，也是一个长期而缓慢的过程，因此需在教学活动中给予特别关注。

五、深度学习发生的条件

(一)教师精心设计,教学材料结构化、意图化

教材内容并不等同于教学内容,更不能等同于学生的学习对象。学生的学习对象,必须隐含着知识及复杂而深刻的意义,还必须是学生当下水平能够直接操作(思维与动作)的材料。如此,便需要经过两个转化:由抽象的“知识”转化为含有学生品质发展目标的“教学内容”;由“教学内容”转化为学生可以操作的具体教学材料。将简单的技能知识的学习转化为包含“英语学科属性”的内容,再由可供学生操作的材料实现具体化、现实化,引发学生展开主动学习。

(二)强调预设,有计划、有序地实现丰富而复杂的教学目的

通过一个一个的问题,既为学生搭建思维的阶梯,又帮助学生进行深入的学科思考。而这样的过程,不是任意妄为的过程,而是教师精心设计的过程。

(三)要有平等、宽松、合作、安全的互动氛围

教学活动本身是严肃紧张的,因此更需要营造宽松的心理氛围。给学生充分表达自己见解的机会,不以任何理由压制、嘲讽、打击学生的积极性,善于倾听、给予回应,与学生平等地展开讨论,等等,是保证学生全身心投入教学活动、开展深度学习的重要条件。

(四)依据反馈信息对教学活动进行及时调整与改进

教学过程虽然是预设的,但也依然是流动的、即时的,因而必须依据现场情形进行及时调整。当然,这需要教师有清晰的评价意识、有明确而细化的教学目标,能及时发现学生行为和反应的教学意义。只有这样,才能收集

到有意义的教学反馈信息,并依据这些信息对教学做进一步的调整。

六、深度学习表征方式

深度学习是一种理解性学习、论辩式学习、反思性学习、批判性学习,是指以学习者知识的获得与建构、思维的锻造与深入、经验的生成与联结,以及真实情境中现实问题的解决为目标的一种整合式学习,其表征主要体现在如下四个方面。

(一)深度学习注重对知识的理解、生成和建构

深度学习不同于接受式学习,它强调学生对知识的理解、生成与建构。它是"学生对核心课程知识的深度理解以及在真实的问题和情境中应用这种理解的能力",尤其是在理解基础之上的创新能力。同时,深度学习注重学生在学习过程中将已有的个体经验积极调动起来,促进个体经验与所学知识之间的有机联结,在知识的学习过程中生成经验并建构知识体系。因此,在深度学习过程中,知识不仅仅是作为人类历史经验总结的客观存在,或者被论证为科学合理的认识,而且渗透着知识产生的历史背景、学生个体经验和主观判断。这也就意味着在深度学习过程中,学生不再是被动地接受知识、储存知识和再现知识,而是在教师的指导下,凭借着经验对知识进行审慎判断和合理建构。

(二)深度学习突出学生的主体性、能动性和发展性

深度学习以提升学生的核心素养和促进个体发展为目的。在学生发展核心素养体系中,"自主发展"维度包括"学会学习"和"健康发展"两大素养。这两大素养的形成通常体现为学生自觉性、主体性和能动性的

彰显。深度学习是思维高度摄入的深层次学习过程，是个体主动探究和深度反思的体现，具有主体性、能动性和发展性特征。其主体性体现为深度学习是个体自觉自为的学习实践，不同于被动式学习和接受式学习，深度学习由学习者的内在动机和个体兴趣所诱发，是主动为之而非被动接受，是一种“乐学”或者“痛并快乐着”的学习过程；其能动性表现为深度学习的过程是个体自我调节和监控的过程，个体能够根据学习目标、学习情境等对学习内容进行辨识和加工，并合理选用学习策略，调节学习进程；其发展性则主要反映在深度学习的旨归上，它不仅指向学习者对知识的理解、应用、分析、综合和评价，而且注重思维的训练、积极情感的形成和正确价值观的建构，旨在促进个体的个性化和社会化，使其更好地适应社会发展，并实现个体人生的完满。

（三）深度学习强调学习的挑战性、体验性和迁移性

《礼记·中庸》指出治学之道在于博学之，审问之，慎思之，明辨之，笃行之。有弗学，学之弗能弗措也；有弗问，问之弗知弗措也；有弗思，思之弗得弗措也；有弗辨，辨之弗明弗措也；有弗行，行之弗笃弗措也（王国轩，2016）。治学的过程是“学、问、思、辨、行”有机统一的过程，而且强调没有达到学习的目的就不能轻易搁置。作为一种治学方式，深度学习也是一个博学、审问、慎思、明辨、笃行的过程，突出学习任务的挑战性、学习过程的体验性以及学习结果的迁移性。深度学习是一种具有挑战性的学习方式，注重问题导向和任务驱动，通常由“背景分析—提出问题—分析问题—解决问题—评价反思”等环节构成。深度学习任务的设置一般要基于学生的最近发展区，同时需要学生付出一定的努力（主题确定、团队建设、资料收集、文本分析、实践探究等）才能够完成。深度学习的过程具有体验性，它不仅关注学习任务的完成和学习结果的获得，而且聚焦学生在学习过程中的真实体验。“体验”是指学生作为个体全身心投

入活动时的内在体验。学生的学习，既不是被动地去接受外在知识的灌输，也不是从实践开始的盲目试误，而是通过主动的、有目的的活动，对人类已有认识成果及其过程进行学习与体验。它需要学生全身心投入，成为教学活动的主体。深度学习的结果具有迁移性，学生能够根据特定的情境实现对学习结果的迁移和运用，实现转识成智和学以致用。同时，在学习过程中能够做到举一反三、见微知著、闻一知十，促进知识的迁移和运用，并在实践中创生知识。

（四）深度学习着意于情境的创设与利用

建构主义认为，认识既不起源于客观环境的刺激，也不是起源于固有的先验范畴，而是主体在实践活动中的建构过程，认知的发展是身体和环境互动的结果。在一定程度上而言，深度学习是一种具身学习，在学习过程中，个体的心智、身体与环境是有机统一的整体，心智嵌入大脑，大脑嵌入身体，身体内置于环境之中。在认知过程中，身体提供了认知的内容。“人们基于身体的主观体验确定了认识或者思维的对象，身体以及身体与客观世界的互动提供了认识世界的最原始的概念。”所以，深度学习并非脱离情境、语境和文化的普遍、客观和中立的行为过程，而是一种具体的、嵌入环境之中的、价值关涉的过程，着意于学习情境的创设与利用。一方面，深度学习注重学习情境的真实性，通过有目的地设置情境，作用于主体的身体，并通过身体的中介作用，促进主体与环境的互动；另一方面，深度学习强调学习情境的变异性和可迁移性，要求学习者对学习情境深入理解，对关键要素进行判断和把握，在相似情境中能够做到举一反三，也能在新情境中分析、判断差异并将原则思路迁移运用。基于此，通过创设和利用具有真实性、变异性、多样性和可迁移性的学习情境，能够更好地使学生进入深度学习状态，助推其核心素养的培养。

第三节 深度学习与《课标》和核心素养落实的要求

一、《课标》要求

《课标》提出，在以主题意义为引领的课堂上，教师要通过一系列具有综合性、关联性特点的语言学习和思维活动，培养学生语言理解和表达的能力，推动学生对主题的深度学习。对于英语课堂教学来说，教学方式机械陈旧、教学内容零碎分散、学生的主体地位缺失以及思维缺失现象仍然存在。因此，教师如何通过教学活动的设计，改变原有的零散、碎片化的教学方式，充分发挥学生的主体作用，促进学生思维的发展，实现学生的深度英语学习，是目前亟待解决的问题。深度学习在教师的“教”与学生的“学”中体现出以下六点。

（一）聚焦理解、反思和批判能力的立体式教学目标设计，促进学生思维深层发展

学习行为是否发生的判定依据在于是否在学生掌握基础知识后，通过层级式、梯度式、立体式教学目标设计，提升学生的理解、反思和批判能力；在于是否强调学生对知识具体内容、知识之间内在逻辑关系的梳理和理解，对学习范畴、学习方法、学习结果的深度反思，对已有观点、个

体经验和先在假设的质疑和批判，进而锻造学生思维品质，实现深度学习，并促进学生发展核心素养。

（二）知识结构化组织、模块化架构和网络化呈现，丰富学生的认知结构

深度学习不同于碎片化学习，是具有持续性和系统性的学习方式。它是学生在教师的引导下，基于个体经验对学习内容进行深度加工，并通过与他者、环境的有机互动实现知识生成和认知建构的过程。促进深度学习，发展学生核心素养，既需要教师对知识进行合理加工、有效组织和多样化呈现，同时还需要学生善于运用学习策略，深入理解知识，对知识进行积极建构，并内化到个体的认知结构之中。

（三）从教材走向文本、从文本走向教材

教师和学生通过对教学材料的适应性改造，拓展学习范畴，奠定深度学习的内容基础。而深度学习的一个重要标志，就是能将外在的教学内容转化为学生内在的精神力量，但教学内容并不能直接转化为学生的精神力量，必先转化为学生能够进行思维操作和加工的教学材料，成为学生学习的对象（刘月霞等，2018）。这也就意味着教学内容的转化是深度学习实现的重要条件之一，即需要将课本呈现的教学内容转化为适合学生学习的材料，促进教学内容的拓展和深化。

（四）教学过程突出活动与实践

促进学生深度体验，在经验生成的过程中，实现知识、能力、情感、思想与价值的深度整合。一般而言，聚焦知识传递、记诵和储存的单一的教学过程很难让学生进入深度学习状态。深度学习的过程是学生主体性、积极性和能动性高度彰显的过程。教师在教学过程中善于打破固定

的空间安排，消解固化的空间设计对学生身体的约束，通过合作学习、探究学习、研究性学习等具身学习方式促使学生在情境和活动中感知、体验。同时，教师还应该创设教学情境，营造辩论、质疑、合作的学习氛围，通过问题导向和任务驱动，激发学生内在的思维活动，让学生在学习实践中真正进入学习状态，实现深度学习。

（五）运用体现形成性、发展性、教育性的综合型评价

为学生深度学习提供反馈信息评价是检测目标实现的重要手段，同时也是为主体活动提供反馈信息，促进活动有效运行的重要机制。持续评价、及时反馈是引导学生深度反思自己的学习状况并及时调整学习策略、实现深度学习的有效途径。促进学生深度学习，需要秉持多元视角，对学习活动进行多维度与立体化的综合型评价，以期获得学生学习与发展的真实信息，并及时反馈，助力深度学习。首先，教师需要注重形成性评价，收集学生学习的过程性材料，关注学生的过程性表现，实现对学生学习的持续跟踪，进而获得更为系统和真实的信息，为促进学生的深度学习提供精准诊断和改进策略。其次，教师应秉持发展性评价的理念，评价不是目的，而是手段，是为了进一步助推学生发展；评价不是教师权威的显现，而是教师深入理解学生的通道。因此，发展性评价意味着教师能够根据学生学习与发展的信息，诊断学生学习中的问题，并分析原因，提出改进思路。最后，在综合型评价中，教师还要注重评价的教育性，尤其是通过评价，不仅要揭示出学生在知识学习、技能获得方面存在的问题，而且要深入剖析学生在学习思维、学习方法、学习观念，以及元认知策略方面的深层症结和原因，进而获得精准的反馈信息，为学生持续的深度学习和深度反思提供及时的反馈信息，使学习走向深入。

(六)创设复合式教学情境,促进学生深度体验

杜威(2010)曾指出,情境是思维训练的重要条件之一,形成反省思维就在于建立必能引起和指导好奇心的各种情境;在于建立体验到的各种事物的联结,以便随后能促进暗示的流动,引出各种问题,确定各种目的,有利于形成观念的连续性。据此,促进学生深度体验,实现深度学习,需要重视情境的创设与利用。这需要打破单一的、独白式的、枯燥乏味的,甚至是令人压抑的教学情境,而创设复合式教学情境。"真"意味着教学情境的真实性,既包括现实的教学情境,又涉及通过教师言语或者师生互动创设的具有教育性的情境。也意味着教学情境与学生生活密切关联,联结现实生活;教学情境遵循美育原则,既包括教学情境的形式美,又包括教学情境中事物和内容的美,学生置身教学情境之中,能够获得美的体验;强调教学情境的情感陶冶功能,能让学生产生积极的情感体验;重视学生的思维训练,通过问题式等教学情境的创设,激发学生深度思考,聚焦辩论、质疑、批判、协作等素养的培育。复合式教学情境的创设和利用,有助于引发学生深度体验,生成积极经验,培养实践创新精神,促进师生在对话、交流、合作的基础上进行文化知识的传承和创新,并实现学生发展核心素养的培育。

二、核心素养培育与深度学习的内在逻辑

作为个体适应社会发展和促进人生幸福的必备品格和关键能力,核心素养指明了学习者培养的规格和发展目标。学生发展核心素养的培育不仅需要教育者的引导,而且离不开学习者的学习自觉和自为。这种学习自觉和自为通常体现为一种"全人式"的学习,即深度学习,涉及认知、情感、思维、价值等诸多要素。因此,核心素养的培育是深度学习的

目的指向和价值所在，深度学习是形成学生发展核心素养的重要路径之一。同时，深度学习本身也体现了学生的核心素养。

（一）学生发展核心素养是深度学习的重要旨归

深度学习不同于浅表式学习，它强调学生的学习是由内在动机所诱发的，是学习兴趣所致。其目的在于提升学生的学习力，形成积极情感，并获得价值认知、辨别和判断能力，指向学习者核心素养的形成，为学生更好地促进自我发展和适应社会变革奠定基础。

（二）深度学习是核心素养培育的重要路径之一

在深度学习过程中，学生能够借助已有经验对知识进行积极建构，形成知识网络体系，并对知识进行质疑、反思和批判。同时，在学习过程中实现对知识、能力、情感、价值等的统整发展，切实提升学生发展核心素养。

（三）深度学习体现了学生的核心素养

深度学习是蕴含知识、能力、思维、辨别、判断的一种学习方式，深度学习过程伴随着决策、甄别、审慎、反思、批判等思维活动，这个过程本身体现了学生的核心素养。在学生发展核心素养体系和核心素养“5C模型”中，人文底蕴、科学精神、实践创新、文化理解与传承、审辨思维、创新、合作等素养的培育既离不开学生主体的深度学习和积极行动，同时也需要教育者有目的、有规划、有系统的教学设计和教学实践。据此，从教学论角度而言，基于核心素养培育的深度学习的实现路径需要注重教学目标的顶层设计、知识内容的有序化教授、文本的适应性改造、教学过程的体验性和生成性、教学评价的及时性和发展性以及复合式教学情境的创设和运用。

第四节 深度学习的教学要求

学生"围绕着具有挑战性的学习主题",全身心积极参与、体验成功、获得发展。深度学习主张的学习内容组织方式,即改变孤立、平列、分散的知识点组织方式,主张教学内容以内在结构的方式构成学习单元(郭华,2020)。也就是说,深度学习将改变过去孤立且不具备结构化特征的知识点学习方式,取而代之的是系统性、连续性、整体性更加协调的主题单元学习。

一、学习内容的挑战性

现行中学英语教材大多按功能或主题进行编写,多以自然单元或模块形式呈现。因此,要选择对学生和教师而言具备挑战性的学习内容。从教师角度来看,学生的学习要求教师在上每一节课之前,必先对英语学科本学段的整体内容进行把握,从英语学科核心素养的落实上俯瞰每一个单元的教学价值和功能,进而对每一节课的位置和作用做出科学的判断和定位,还要整体安排学生每一课时的活动内容与活动方式。这对以往习惯于线性地以课时来推进教学的教师来说,是非常有挑战性的。从学生角度看,"有挑战性",即没有学过或没有系统学过,有一定难度。当然,并不是超出学生的已有认知起点和能力范围。

深度学习视角下,各个知识点的学习固然重要,但更具备挑战性的内容是如何将各个知识点有机整合，形成具备意义的整体性图式或图景。这要求学生在整体把握单元内容的基础上，形成关于英语学科的学习思想，形成自身的认知结构。英语学科大观念(big idea)的形成和主题意义的探究需要通过一节一节的课来进行。因此，在英语知识结构建构中，教师应通过深度加工多模态素材和知识点，对重难点进行聚焦式学习，有的放矢，学生才能有机会以多样化的方式去掌握不同类型的知识，才能把握学科本质和基本思想，体会知识的作用和价值，达到语用的目的，完成有挑战性的交际或表达任务。因此，学习单元客观上不仅要求学生要学会知识，还要通过知识学习，形成关于学科的整体观念和相应的能力，学会学习，获得发展(郭华，2020)。

二、学习内容的主题性

学习主题是针对非结构化的散点知识而提出的，强调将关联性内容进行结构化处理，以满足学生认知发展的需求。将既符合学生心理发展顺序和逻辑，又符合学科教学逻辑的内容呈现给学生，促进学生的主动参与、多元发展。学习主题在英语学科教学中被称为“学习单元”或“学习模块”。以主题为引领，学生的心智发展目标指向主题意义探究。这样的单元融合了这个学科所需要的主要的学习方式、思考方式和操作方式，学生在学习过程中能体会到英语学习的基本途径和能力发展要求。学习单元以语篇和具体的知识为载体，并非静态的知识单元，而是一个包含着情境设置、教学目标、学习活动、学习评价等维度的动态结构。只有在结构组织上具备整体性、结构性、功能性的学习内容，才能真正引发学生的深度学习。其可以是横向的较为独立的单元，也可以是纵向的、历时的学习单元，特别是纵向的整合教学内容，充满了挑战。

三、教学设计的整体性

教学设计首先要回答“教什么”“怎么教”这两个问题,“教什么”是对教学内容的选择和取舍,进一步说是一种教学资源的整合和解读。有所教,有所不教,才能把有限的教学精力用于该教的内容上,“好钢用在刀刃上”。“怎么教”涉及教法的选择。教师的教学是为了帮助学生建构关于学科的知识结构图景。英语教学中的整体设计教学单元,要求对课堂上的教学内容及其难度进行合理设计,使需要深度加工的学习内容在教学活动中凸显出来。教师在英语教学中应将各个课时和语篇放置于单元整体视角下,对英语学科中的程序性知识必须要进行深度加工;纵向、历时地对学生的最近发展区水平做出判断。维果茨基认为,只有走在发展前面的教学才是好的教学(维果茨基,2003),即教学要促进学生发展、引领学生心理认知发展。当然,这样的教学内容和教学整体设计只是提供了理论上的可能,其必须在教师与学生的共同教学活动中才能实现。

第二章

中学英语单元整体教学

第一节 英语单元整体教学要义与特征

一、指向深度学习的单元整体教学定义

《课标》指出,“指向学生学科核心素养发展的英语教学应以主题意义为引领,以语篇为依托,整合语言知识、文化知识、语言技能和学习策略等学习内容,创设具有综合性、关联性和实践性的英语学习活动”,同时还指出“单元是承载主题意义的基本单位”。由此可见,实施单元整体教学是发展学生英语学科核心素养的最佳途径。北京师范大学郭华教授指出所谓深度学习,就是指在教师引领下,学生围绕着具有挑战性的学习主题,全身心积极参与、体验成功、获得发展的有意义的学习过程(刘月霞等,2018)。深度学习要求的学习方式是学生去感知与实践,归纳与总结;学习内容是整合的、结构化的知识和技能。

结合深度学习和单元整体教学的特征,指向深度学习的单元整体教学是指教师通过研读单元所有语篇内容,找出语篇之间的逻辑链条,构建学习小单元,再根据课程标准的要求,提炼出单元大观念的概念,在大观念统领下带领学生深入开展基于主题意义探究的学习理解、应用实践和迁移创新活动,通过一系列活动达成单元学习目标,发展学生英语学科核心素养的学习之旅。

二、指向深度学习的单元整体教学特征

聚焦主题意义的建构，服务于立德树人的根本任务，单元整体教学作为课程开发与实施的基本单位，为核心素养的培育提供了路径（许莎莎，2022）。《课标》提出要“关注主题意义，制订指向核心素养的单元整体教学目标”，“围绕主题语境整体设计学习活动”。在指向深度学习的单元整体教学框架下，主题意义的探究是贯穿始终的逻辑链条。教师引导学生从多维度、多侧面进行学习活动，在真实任务中让学生去感悟、体验、反思、总结、运用。所有的活动都紧紧围绕一个中心思想即主题意义来推进，在活动中形成新的认知结构和思维方式，从根本上落实立德树人的根本任务，切实发展学生的核心素养。

第二节 单元整体教学下的教与学

一、整合关联的结构化学习，保障深度学习真实发生

单元整体教学并不是简单地将几节课放到一起，而是由几个相互关联的子主题构成单元整体教学内容，强调整合性与整体性，一个单元就是一个完整的学习事件或学习故事（崔允漷，2019）。一个单元就是一个整体，对教师而言，教学设计所有的目标和任务都指向一个主题，活动是整合的、相互有关联的。因此，无论是在语言知识和学习能力方面，还是在思维品质和文化意识方面都能形成结构，而结构化的学习正是深度学习最根本的要求和特征。对学生而言，大观念可以帮助他们在零散的知识之间建立关联、形成结构，为推动整合性的学习创造可能，指向深度学习（王蔷等，2021）。

二、基于理解的逆向教学设计，转变学习方式和教师主体意识

指向深度学习的单元整体教学设计强调基于理解的逆向教学设计，即教师要将大概念进行解构，将大概念的不同要素统筹安排在相应的教

学阶段，同时将大概念转化为学生需要思考的基本问题。这些需要思考的基本问题贯穿单元整体学习的始终，从整体单元的大问题，到学习小单元中的问题，再到每个课时的具体问题，所有的问题构成指向单元整体理解的问题链。在问题链的解决过程中需要学生在实际生活情境中形成学习共同体（学习小组），采用共同体验、理解、讨论、实践自评和互评等多元学习方式。由此实现深度学习的联想与建构，活动与体验，本质与变式，迁移与应用，价值与评价（刘月霞等，2018）。

另一方面，指向深度学习的单元整体教学设计强调学习结果是教学设计的关键起点，这就从根本上改变了传统教学设计中教师只注重“我教什么”，而忽略“学生应该学什么，怎么学”的思维定式。教师聚焦于学生的学习结果就会自觉地去考虑在教学活动中学生能学到什么，能做到什么，教师在这个过程中应该怎样给学生的学习创造条件、提供资源、搭建支架、实施评价。因此，教师从以前的“主体”角色变成“主导者”和“支持者”角色。学生是学习的主人，是学习结果的完成者。只有学生变成了主体，深度学习才能实现，单元主体意义才能被理解，学生的核心素养才能真正养成。

三、小组合作探究与交流，彰显个性整体提升

一个单元一定是作为一个整体来教的，不是一节课一节课来教的，还有就是要以探究为基本的学习方式，在单元整体教学中以大观念为引领，以大任务完成为单元终极目标，而大任务的完成需要以合作探究的方式进行。探究的基本单位为同质化小组，探究的内容为基于整个单元的大任务和学习小单元的微型任务，探究的要求是全员参与、分工合作、随机抽取人员展示。在探究的过程中学生根据自身的学习认知水平选

择适合自己的学习任务,不同层次的学生和小组都可根据最近发展区原则选择具有挑战性的真实学习内容。这就从多方面训练了学生的学科学习能力、合作交流能力以及展示表达能力,既彰显了学生的个性,又促进了学科核心素养的落地,实现了学科教学水平的整体提升。正如李怀源老师所说,我们上课如果变成探究的活动,让学生真正地参与进来,学生就有发展,并且他们的水平会超乎想象。

第三章

英语教学中的各种课型理论基础与深度学习结合

第一节 基于深度学习的中学英语听说教学设计策略

深度学习是相较于浅层学习而言的，浅层学习是一种机械的学习方式，学习者被动地接受学习内容，对所学知识只是进行简单的记忆或复制。深度学习强调学习者学习的主动性，要求学习者在理解的基础上，批判性地学习新知识，整合新知识，并将所学知识迁移到新的情境中，进而做出决策和解决问题（何玲等，2005）。《深度学习：走向核心素养（理论普及读本）》一书将深度学习的五个特征总结为：联想与结构、活动与体验、本质与变式、迁移与应用和价值与评价（刘月霞等，2018）。在此基础上，为了与英语教学紧密挂钩，王蔷、孙薇薇等人（2021）赋予了英语学习另外一个深度学习特征，即内化与交流，强调学生需要围绕主题和新的知识结构开展以描述、阐释、交流等实践活动为主的内化活动，以巩固新的知识结构，实现深度学习，达到促进知识向能力、能力向素养转化的目的。

要实现学生听、说方面的深度学习，就必须将深度学习的这六个特征融入听说课的设计和教学中去。为此，以下将从单元整体设计、有效分析学情、科学制定目标、丰富教学活动以及合理设计评价这几个方面探讨指向深度学习的听说教学。

一、单元整体设计

深度学习强调教师要在主题意义探究的活动中充分调动学生已有的背景知识和经验，帮助学生建立新旧知识之间的联系，在已有的认知结构上完善并建构新的知识结构。而单元整体设计能够通过帮助学生建立结构化知识体系的方式，深化学生认知结构，让听说读看写的内容不再以碎片化的、无主题意义的方式呈现。

例如，人教版（2019）高中《英语》必修一 Welcome Unit 中的 Listening and Speaking 部分，内容是两个高一学生探讨各自的学习策略。如果不进行单元整体设计，只按照教材编排的顺序来学，学生学到这部分会觉得一头雾水。为什么在结识新朋友，描述高中第一天的学习生活过后要学习与学习策略相关的知识呢？为什么学习了与学习策略相关的知识后要学习撰写学生简介呢？这是怎样一种逻辑呢？其实，经过大单元整体设计后，整个单元的逻辑框架要清晰得多，主题意义因此得以凸显，听说课在本单元的地位也得以明晰。本单元可以分为三个子主题，即认识新人与人沟通、调节心态积极融入以及了解优化学习方式。单元主题意义为学生能学会如何介绍自己以及与人交流，优化自己的学习方式，愉快、自信地开展高中学习生活。听说课学习策略的讨论属于了解优化学习方式这个子主题。所以，在整个单元的设计（见图 3-1）中，听说课的存在有了目的和意义。

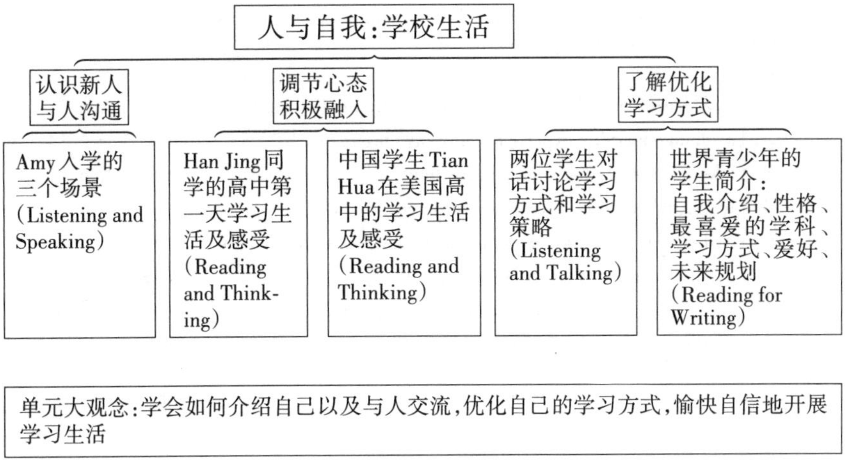

图3-1　人教版(2019)高中《英语》必修一教材Welcome Unit单元整体设计

二、有效分析学情

在设计听说课目标与教学活动之前,要对学生的学情有一个准确的把握。深度学习也是要分层次的,每个人在自己的认知基础上得到提升,并不是每个学生上完一节课都可以达到相同的深度,所以,把握学生的学情尤为重要。只有这样,才能实现差异化教学,让不同的学生都能达到自己的深度。

例如,在上人教版(2019)高中《英语》必修一Welcome Unit里Listening and Talking部分的内容前,可以先让学生完成课本上给出的问卷(见图3-2),然后收上来对其进行分析统计。结果因人而异,有的学生不仅经常用到问卷上的英语学习方法,还补充了很多自己的学习方法;而有的学生可能连里面的有些方法都还没有听说过,更不要说补充自己的学习方法了。正是这种差异,为教师制定下一步的教学目标提供了有力的依据。

3 **How do you learn English? Rate the learning methods below. You can add more of your own to the questionnaire.**

1 I have learning **goals** and make plans for my English studies. ☆☆☆☆☆
2 I exchange learning experience with my classmates. ☆☆☆☆☆
3 I take notes while listening and reading. ☆☆☆☆☆
4 I read English newspapers and magazines. ☆☆☆☆☆
5 I write down new words in my notebook and review them often. ☆☆☆☆☆
6 I use dictionaries to check for new words. ☆☆☆☆☆
7 I like to write about what I read or hear in English. ☆☆☆☆☆
8 I like to watch movies in English. ☆☆☆☆☆

图3-2 Welcome Unit中Listening and Talking部分的问卷

三、科学制定目标

有了前期的学情分析结果,下一步就是制定听说课的教学目标。听说课教学目标的制定要遵循以下几个原则:1.目标设计一定要参照最新课程标准对听、说方面的要求,参考教材内容以及大单元的整体目标。2.听说课目标要分为两类——一类是听的目标,一类是说的目标,并且听与说不能被割裂开来,要有逻辑上的关联。听力的训练一定要聚焦于某个方面,比如说单元主题词汇、功能性用语,或者在结构上为后面口语的输出做出铺垫。3.听力要有策略目标,不能把每节课当成听力强化测试。4.目标要把教学内容、学生的发展以及教师的活动统一起来,并且可检测、可评价。

例如,人教版(2019)高中《英语》必修一教材Welcome Unit里Listening and Talking部分的目标可制定如下:1.学生能够通过预测听力内容,在听中获取有关主人公学习策略的关键信息;2.学生能够通过读问题与记笔记的形式获取主人公使用某种学习策略理由的关键信息;3.学生能够以小组合作的形式完成学习策略以及使用原因的思维导图,形成班级英语学习策略库;4.学生能够以小组合作的形式完成视频录制,帮同学解决英语学习上的问题。四个目标既涉及课程标准要求的听力策略，也涉及听、说两个方面，听、说之间有逻辑关系，并且容易检验学习效果。

四、丰富教学活动

活动与体验是深度学习的基本特征之一，同时也贯穿着整个教学过程，所以一定要在教学里设计不同层次的活动，让学生在积极参与活动的过程中成为学习的主体。《课标》也在给老师们的教学实施建议中明确提出了要实践英语学习活动观，促进核心素养有效形成。《课标》还明确了活动是英语学习的基本形式，是学习者学习和尝试运用语言理解与表达意义、发展多元思维、培养文化意识、形成学习能力的主要途径；并将英语学习活动分为三个层次：学习理解类活动、应用实践类活动以及迁移创新类活动。现将深度学习的认知过程与这三类活动整合，形成中学英语听说教学活动的基本模式：觉知—调和—归纳—内化—迁移。

（一）觉知（学习理解类活动）

联想与结构是深度学习的本质特征之一。在听说活动的觉知阶段，教师可以通过提问、图片、视频、头脑风暴以及思维导图等多样化的方式激活学生已有的背景知识和经验，引入话题以及听说词汇，激发学生学习兴趣，并将学生带入真实情境中，为学生建立新旧知识之间的联系和建构新的知识结构做好铺垫。

例如，人教版（2019）高中《英语》必修一 Welcome Unit 里 Listening and Talking部分的引入环节可以设置为给学生们提供一个真实的情境，即班级里的一位学生提前录制好的视频，里面谈到他在英语听说读写学习方面遇到的困难以及他希望得到班上同学帮助的请求，视频包含这节课的重点听力词汇。这样不仅引出了学习策略这个话题，也让学生对听力词汇进行了感知及注意，同时激发了学生的学习兴趣和动机，为后面的教学活动奠定基础。

（二）调和（学习理解类活动）

在对所学内容有了初步的觉知之后，学生就进入了获取和梳理知识的调和阶段。学习者在这一阶段会对学习内容产生多种理解、疑惑甚至误解，需要对多种认知进行选择、重组和反思，进而开始构建自己的认知结构。为了帮助学生顺利调和知识，教师在这个阶段需要为学生搭建有逻辑层次的支架，设计有层次感的活动。

例如，在教师引入情境后，学生要开始听的活动。在听的环节，教师设置了三个活动。第一个活动是学生听第一遍对话，听完之后在课本上勾出所听到的学习策略，全班一起作答；第二个活动是学生听第二遍对话，听前阅读问题，预测答案，然后边听边做笔记，记录关键词，听完后完善答案，教师随机抽取不同层次学生作答；第三个活动是根据学生刚刚在听力中遇到的问题，再次播放录音，解决问题。

（三）归纳（学习理解类活动）

在归纳阶段，学生需要对获取的信息进行概括和整合，提炼规律性的东西，为后面的内化和迁移做准备。在这个阶段，教师的作用是通过设置科学的活动，引导学生进行归纳。

例如，在听力活动后，教师可设置一个整合活动，让学生以小组合作的形式将刚刚听到的学习策略以及使用它们的理由呈现在一张思维导图中。将学习策略分为听说读看写五个分支，各个分支后加上使用理由。课本上没有提到的策略可由学生自由补充在思维导图上。学生完成思维导图后，教师抽取若干组到讲台上进行展示并讲解。这个活动能帮助学生以充满逻辑的形式整合信息，并帮助他们进行知识建构，建立新的认知结构。

（四）内化（应用实践类活动）

归纳出来的东西要进行内化与交流才能稳固地存在于学生的认知结构中，特别是说的活动。所以，教师要创设一系列内化与交流的活动，让学生在听的基础上进行口语交流，巩固与内化归纳出来的内容，为最后的自动化迁移做准备。

例如，在完成思维导图后，教师设置一个学生双人采访活动，即让学生相互询问对方偏爱的学习策略以及理由。这个环节过后，学生进一步内化各种英语学习策略。

（五）迁移（迁移创新类活动）

内化与交流过后是迁移阶段，这个阶段需要学生用这节课所学的知识去解决一个新的问题，以提高学生解决问题的能力。这个阶段的活动可以是说，也可以是写，要综合运用各种手段达到迁移的目的。

例如，教师让学生以小组合作的形式进行视频录制。录制的内容为帮助课堂之初视频里的学生解决英语学习中遇到的各种问题。录制的要求为每个人必须要用到本课的目标词汇以及思维导图上的内容。通过这种方式，帮助学生真正解决学习中遇到的问题。

五、合理设计评价

评价也是深度学习的重要环节，不仅是对学生深度学习能力水平的评估，也是对其深度学习过程及结果的评价，更是对深度学习目标的不断反思和修订(张浩等,2014)。评价活动可以通过学生在课堂过程中的外显行为开展,如可以从他们的课本上掌握他们听力任务的完成情况,可以从他们的回答中掌握他们听力任务的完成情况,也可以根据他们思维可视化的思维导图评价任务的完成情况。教师据此判断学生对所学内容和知识的掌握情况。评价活动还可以是教师设计学生自评表(表3-1),引导学生根据学习目标评价、反思学习成效,为总结和改进学习策略提供参考和支架。

表3-1　学习效果自我评价表

学习效果自我评价表 姓名:				
评价内容	Excellent	Good	Average	Needs improvement
1. 我能通过抓关键词的形式识别听力文本中出现的学习策略				
2. 我能通过做笔记的形式记录听力中出现的关于选择某种学习策略的理由				
3. 我能跟同伴合作完成英语学习策略的思维导图				
4. 我能就思维导图上的内容跟同伴合作,交流自己喜爱的学习策略				
5. 我能使用这节课的内容与同伴合作录制视频,为别人解决英语学习上的问题				

深度学习作为深化课程改革的重要抓手,为解决中学英语听说教学中存在的问题提供了新思路。在基于深度学习的听说教学中,教师通过单元整体设计、有效分析学情、科学制定目标、丰富教学活动以及合理设计评价任务,使学生的听说学习从浅层走向深层,从单一操练走向综合活动,从碎片化接受走向整合实践,真正实现英语学科核心素养的培育,达到育人的目标。

第二节 基于深度学习的中学英语阅读课教学设计策略

阅读是一种复杂的认知活动，是读者利用来自文本材料的信息，从语言材料中接受、提取信息，通过与自己大脑中已有的知识相结合，建构意义的过程(王笃勤，2012)。“读”是语言运用能力中的一项理解性技能。《课标》对“读”的技能有明确的要求：1. 从语篇中提取主要信息和观点，理解语篇要义；2. 理解语篇中显性或隐性的逻辑关系；3. 把握语篇中主要事件的来龙去脉；4. 抓住语篇中的关键概念和关键细节；5. 理解书面语篇中标题、小标题、插图的意义；6. 辨认关键字词和概念以迅速查找目标信息；7. 根据语篇标题预测语篇的主题和内容；8. 批判性地审视语篇内容；9. 根据上下文线索或非文字信息推断词语的意义；10. 把握语篇的结构以及语言特征；11. 识别书面语篇中常见的指代和衔接关系；12. 在听、读、看的过程中有选择地记录所需信息……由此可见，阅读在学生英语学科核心素养发展中起着举足轻重的作用。

阅读课型一直受到一线教师的关注和重视，教师通过开展一系列阅读教学的研讨和学习后，掌握了一些阅读教学的技巧和方法，通过教学，学生的英语阅读能力有所提高，但是还有几个突出的问题有待解决：1. 学生不能准确概括主旨大意，包括选出恰当准确的文章标题；2. 学生不清楚句子间的逻辑关系，误判句意，遗漏信息；3.学生不能通过句子间的逻辑关系猜测词义。经分析，我们认为有两方面原因：一是教师没有语篇意识，没有从语篇的视角引领学生研读语篇，只是侧重语言知识的讲解和对语篇的浅层理解；二是学生没有语篇意识，逐字逐字地读，忽视句子之间、段落之间的逻辑关系（陈宇博，2020）。

为了改善和优化阅读教学，提升学生的阅读技能，我们将深度学习理念与阅读教学相结合，探索促进深度学习的中学英语阅读教学路径。

一、阅读课的设计原则：单元整体教学设计

深度学习倡导单元学习，“单元”是指学科课程实施的单元，通常以主题为中心（刘月霞等，2018）。教材中的单元以“话题”为统领，由彼此有关联的学习内容和学习活动组成，包含听力、语法、阅读和写作四个板块。语篇是英语教学的基础资源。《课标》指出，语篇赋予语言学习以主题、情境和内容，并以其特有的内在逻辑结构、文体特征和语言形式，组织和呈现信息，服务于主题意义的表达。因此，阅读语篇不是孤立于单元之外的，而是单元语言学习的主要载体，阅读课应在单元整体教学设计下进行构思。

二、阅读课的设计环节

深度学习倡导的单元学习要求教师通过提高教学设计的规范性和系统性，增强学习过程的体验性、互动性和生成性，实现“教—学—评”的一致性，以此更好地发展学生核心素养，提升学科课程的育人品质（刘月

霞等,2018)。因此,基于深度学习的阅读课的设计有四个环节:研读语篇和分析学情、制定课时目标、设计阅读活动、持续评价。

三、阅读课的模式:PWP阅读教学模式

基于对阅读的不同理解,人们提出了多种阅读模式:1. 常见阅读模式包括文本驱动模式、图式驱动模式、交互阅读模式;2. PWP教学模式;3. 任务型阅读教学模式;4. 情境教学模式;5. 支架教学模式(王笃勤,2012)。

PWP教学模式是将阅读教学分为pre-reading, while-reading和post-reading三段教学的一种阅读教学模式,其教学目标和教学活动在三个阶段有着各自的特点。Pre-reading教学的核心任务是为阅读做准备。读前的准备主要包括背景图式的激活,话题的导入,任务的介绍,兴趣的激发和语言、策略准备。While-reading教学是阅读教学的核心,各种阅读能力的培养都是通过while-reading阶段的教学完成的。Post-reading活动一般侧重知识的应用和综合(王笃勤,2012)。

四、阅读课的学习方式:个性化合作学习

在核心素养导向的教学活动中,教师的角色发生了变化——教师是学生的学习同伴、导师,有时也是教练员(刘月霞等, 2018)。教师指导学生完成阅读任务,是师生之间的互动;教师组织学生研讨和交流,是生生之间的互动,深度学习在互动中实现。

五、阅读课的教学过程

(一)读前活动:联想与结构

1. 课前预习

语篇有多种类型,有记叙文、议论文、说明文、应用文等。教师首先要认真研读语篇,弄清文本体裁、主题内容、语篇结构及语言特征,并分析学生在阅读中可能会遇到的难点,结合单元教学目标制定阅读课时目标。然后,教师要根据不同语篇类型的特点和主题,给学生布置课前预习任务。预习任务以了解相关话题、扫除词汇障碍为主。一般来说,要处理的词汇是与主题相关、容易对学生造成阅读理解障碍的词汇。学生可在上课前自主学习完成预习任务。

例如,在人教版(2018)《英语》八年级上册 Unit 7 *Do You Think You Will Have Your Own Robot?* 的阅读教学中,教师让学生采集一张生活中机器人的图片发送给他,并要描述机器人的外貌形状和机器人能做的事情。这个预习活动既能激活学生已有的知识与阅读话题,又为开展阅读活动做内容上的准备。

2. 读前活动

读前活动是教学的第一个环节,也可以是预习反馈的环节。其目的在于引入话题,激发学生阅读的热情,帮助学生激活背景知识,也可以帮助学生预测阅读内容。读前活动形式多种多样,常见的有视听活动、话题讨论、头脑风暴、问题思考、竞赛游戏等(赵尚华,2015)。

例如,在人教版(2018)《英语》八年级上册 Unit 7 *Do You Think You Will Have Your Own Robot?* 的阅读教学中,教师将课前学生发送的机器人图片遮盖并编上号。学生通过选号的游戏来呈现机器人的图片,然后由发送该图片的学生来描述图片上机器人的外貌形状及能力。这项读前活动，教师既调动了学生的积极性，又唤醒了学生已有的机器人相关知识，并与文中机器人的介绍建立起结构性关联，激活了学生的思维。

例如，在人教版（2018）《英语》八年级上册 Unit 8 *Thanksgiving in the North America* 的阅读教学中，教师可以利用课文的插图和标题激活学生的背景知识。由于烤火鸡不是中国的家常菜，因此学生对烤火鸡的制作流程大都一无所知。进行读前预测排序，可以激发学生的好奇心，更能激发学生想要获取信息并验证的阅读愿望。此外，可以借此机会教授语篇中的调料名称和描述制作过程。

例如，在人教版（2018）《英语》九年级（全一册）Unit 6 *Do You Know When Basketball Was Invented?* 的阅读教学中，教师可以提问："What do you know about basketball?"引出话题，学生自由发言，进行头脑风暴，互相分享，对已知的篮球相关信息进行激活。然后教师再问："What do you want to know about basketball?"引发学生对话题的思考，进而对文本内容进行预测。

优质的读前活动可以激活学生的思维，但要把握好时间和重点，教师要根据阅读教学目标，选择实效性高的活动，避免那些形式新而实效低、只关注兴趣、忽视思维，甚至是与文本内容脱节的读前活动。

（二）读中活动：活动与体验

读中活动是阅读教学的核心，读中活动的设计要遵循学生的认知水平，从易到难，要有层次性和思维性（赵尚华，2015）。

首先，教师应依托课文中的阅读活动，培养学生提取文本主要信息和理解语篇要义的能力。

例如，在人教版（2018）《英语》七年级上册 Unit7 *Mr. Cool's Clothes Store* 的阅读教学中，文本插图中的服装标签上没有标价格，2b 活动要求学生读广告，填价格，旨在培养学生提取文本主要信息的能力。在人教版(2018)《英语》八年级上册Unit 3 Section B 2b的阅读教学中，2c活动要求学生判断信息的正误。信息的匹配和判断是对文本主要信息的识别，是最基本的阅读活动。

其次，教师基于语篇意识，培养学生的逻辑性思维、批判性思维、创新性思维。《课标》指出，语篇知识就是关于语篇是如何构成、语篇是如何表达意义以及人们在交流过程中如何使用语篇的知识。

通过设计问题链，来帮助学生建立正确的思维路径。阅读中的问题链，就是根据阅读教学目标和教学内容，结合学生已有的知识或经验，将教材知识转变成具有一定系统性、层次性，相对独立又相互关联的系列问题。前一个问题是后一个问题的前提，后一个问题是更后面问题的铺垫与阶梯(赵尚华，2015)。

问题链旨在引导学生顺着作者的思路一步一步、层层深入地去思考，引导学生的思维向深度和广度发展(赵尚华，2015)。同时，在个性化合作学习的氛围中，学生从同伴的想法中获得启发，突破思维局限，将同伴的意见和自己的意见进行整合，达到构建知识结构的目的。这也是学生主动对文本进行深度加工的过程，是把握知识的本质从而实现迁移的过程。

读中活动是培养学生阅读技能的核心环节，要避免阅读活动多而杂、效率低的问题。教师要根据文本内容和体裁的特征，有选择地设计有层次的思维活动，并且给足学生独立阅读和思考的时间，帮助学生构建正确的阅读思维路径，提升思维品质。

(三)读后活动：迁移与应用

读后活动是阅读教学的重要环节。读后活动可以是与课文内容相关的输出，可以是与文本表达形式相类似的迁移式输出，也可以是有比较与借鉴意义的比较性输出。作为读后的输出环节，读后活动可以采用读与其他技能相结合的方式，比如读与说、读与演、读与写等（赵尚华，2015）。

以人教版（2018）《英语》八年级下册Unit 7阅读为例，阅读语篇是介绍中国大熊猫的生活和生存现状的说明文，教材设计的输出活动是描写鲸的生存现状，还提供了鲸的相关信息。因此，读后活动可以采用与文本表达形式相类似的迁移式输出——仿写。阅读语篇的体裁特征，明显运用了举例子、列数字、打比方、做比较和引用等说明文的要素。学生可以抓住文体语言特征，从仿写句子开始，为写作积累语言知识，再仿段落，仿结构，最后成篇。仿写是读技能与写技能的结合，有助于对所学内容进行迁移。

读后活动是对阅读内容的延伸和拓展（赵尚华，2015）。读后活动要形式多样，能巩固学生对课文的理解；要难度适中，能鼓励学生表达；要基于文本，能发展学生思维。教师在选取活动形式时要关注文本特征，还要为学生搭建支架，鼓励学生参与活动。

基于深度学习的阅读课是中学英语阅读教学的新思路，教师和学生都需要加强语篇意识，从培养学生的语言习得习惯、阅读技能和高阶思维等方面去开展教学活动，提升阅读教学的效果。在个性化合作学习的课堂文化中提升学生的语言综合运用能力。

第三节 基于深度学习的中学英语语法课教学设计策略

一、中学英语语法教学存在的问题

中学英语语法课一直是中学英语教学中的难点，稍有不慎，便流于枯燥，且没有实效，导致教师不愿教，学生不愿学。究其原因，无非有以下四点：第一，语法教学碎片化、孤立化，教师没有将其纳入单元整体教学规划当中去；第二，语法教学多注重语法形式的操练，缺乏对语法意义的关注；第三，语法教学乏味、枯燥，不能激起学生学习的兴趣和动机；第四，语法教学功利化，注重考试，忽视其交际功能，导致学生无法在现实生活中对语法项目进行灵活运用。这些问题都阻碍了学生英语学科核心素养的发展。

为了解决语法课存在的诸多问题，现提出一条语法教学新思路，即把语法教学与深度学习相结合，旨在提高语法教学的效果，使教师乐教，学生乐学，从而实现英语学科核心素养的培养以及学科的育人价值。

二、基于深度学习的中学英语语法教学

《深度学习:走向核心素养(理论普及读本)》一书将深度学习的五个特征总结为:联想与结构、活动与体验、本质与变式、迁移与应用以及价值与评价(刘月霞等,2018)。与英语学科相结合,"联想与结构"指的是教师要在主题意义探究的活动中充分调动学生已有的背景知识和经验,帮助学生建立新旧知识之间的联系,在已有的认知结构上完善并建构新的知识结构;"活动与体验"指的是学生在主动体验和积极参与活动的过程中发展英语学科核心素养;"本质与变式"强调的是学生要能客观分析各种信息之间的异同,发现原因,推断出信息间的逻辑关系等;"迁移与应用"则强调英语学习活动观中的第三个活动层次,即迁移创新类活动,并强调真实情境的迁移;"价值与评价"则凸显了学科的育人价值,将对文化意识的培养作为落实英语学科核心素养的基础,使学生建立正确的价值取向。

要实现学生语法的深度学习,就必须将深度学习的特征融入语法教学中去。为此,课题研究团队建构了以下几个基于深度学习的语法课堂教学的基本流程:基于主题进行单元整体设计、基于学情设计教学目标、基于活动设计教学环节以及基于目标设计评价任务。

(一)基于主题进行单元整体设计

单元是承载主题意义的基本单位,单元教学目标是总体目标的有机组成部分。《课标》指出,教师要认真分析单元教学内容,梳理并概括与主题相关的语言知识、文化知识、语言技能和学习策略,并根据学生的实际水平和学习需求,确定教学重点,统筹安排教学,在教学活动中拓展主题意义。所以,不管是听说课、读写课,或者是语法课,都不能脱离单元的主题意义,以碎片化的形式呈现出来。

因此，在开始语法课的教学设计以及正式教学之前，首先要进行语法项目所在单元的单元整体设计，在深入分析单元各语篇内容以及语篇主题之后，结合课程标准、学科核心素养、教学内容以及学生的认知发展特点，提炼单元主题意义(单元大观念)；其次寻找语篇之间的逻辑关联，确定单元子主题(单元小观念)；最后确定单元目标，划分课时，制定课时目标和设计教学环节。因为语法课没有自己独立的语篇，所以要将语法课纳入整个单元的教学设计当中去。这既可以把语法项目与阅读语篇、听力语篇、写作相结合，进行联合产出，也可以把语法项目与最后的总产出项目相结合，用语法来做事情，并且不脱离语篇和主题意义，顺利实现深度学习。

例如，人教版(2019)高中《英语》必修一 Unit 2 Travelling Around 的语法项目是用现在进行时表示将来。在进行单元整体规划时，语法项目可以灵活安排在听说课、读写课或者最后的产出项目。本单元听说课的产出项目为选择一个旅游目的地，思考需要进行哪些准备，然后与同伴交流旅行计划。在交流旅行计划时，便可进行现在进行时表示将来这个语法项目的练习，将其自然地用到口语中去，使语法不孤立于语篇和单元主题意义。本单元读写课的产出项目为回复友人邮件，谈论旅行计划。这同样可以在阅读语篇中给学生输入现在进行时表示将来这一语法项目，再通过写作，输出此语法项目。本单元最后的项目是给学校的外教设计一条重庆两日游的旅行路线，并用一段文字对其进行推荐，其中一个语言要求便是要使用现在进行时表示将来。总之，不管怎么设计语法课，最初都要进行大单元整体设计，明确语法课在整个单元中的地位和作用。只有结合主题语篇，不脱离单元主题意义，才能保证最终实现语法课的深度教学以及学生的深度学习。

(二)基于学情设计教学目标

深度学习强调要在学生已有的认知结构上完善并建构新的知识结构,那么,作为建构新知识结构的基础,把握学生已有的认知结构就显得尤为重要。而对学生进行学情分析,是把握学生现有水平的一个重要途径,也是科学制定教学目标的重要依据。

对学生进行学情分析的方式多种多样,可以是根据教师对某个知识内容的教学多年累积下来的经验,也可以是根据教师对学生特点的长期把握,但是其中一个相对客观并且重要的途径便是对学生进行前测。在教授一个语法项目之前,教师可以设计一套前测题,考查学生对此语法项目形式、意义以及运用的掌握程度,从而获取数据,得出结论,方便下一步的教学目标设定。

例如,人教版(2019)高中《英语》必修一 Unit 4 Natural Disasters 的语法项目是用 that/which/who/whom/whose 引导的限制性定语从句。为了把握所教班级学生对此类定语从句的掌握情况,教师设计了一套前测题,分五个题型。第一个题型是给学生一篇 100 词左右的小短文,包含 5 个定语从句,让学生通过勾画的形式识别短文中包含的定语从句;第二个题型是给学生另一篇 100 词左右的小短文,让学生填出定语从句的引导词(that/which/who/whom/whose);第三个题型是让学生把两个句子合并成一句,并且其中含有一个定语从句;第四个题型是让学生描述一种自然灾害,必须用到至少三个由 that/which/who/whom/whose 引导的定语从句;第五个题型是让学生结合前面几个题型中出现的语篇,写出定语从句的意义。这五个题型考查了学生对定语从句形式、意义和运用的掌握情况。结果是学生普遍对定语从句的意义都比较清楚,大部分学生对关系代词的使用掌握得比较好,最突出的问题是大部分学生无法通过找主句的形式来识别定语从句,更谈不上将两个句子合并成一个包含定语从句的句子，以及用定语从句来写短文了。所以，根据前测的结果，教师上课会更有针对性，不会每个点都平均用力，而是有所取舍和侧重，更利于深度学习的发生。

有了对学情的把握才能制定科学的教学目标。没有科学的教学目标，教学活动的设计就成了无源之水、无根之木，既没有得以开展的依据，也没有评价的依据。在撰写教学目标时，老师们往往没有把教学内容、学生的发展以及教师的活动统一起来。深度学习的实验与实践，就是要引导教师将这三者有机统一起来，制定真正能够帮助学生实现发展的教学目标（刘月霞等，2018）。

语法课教学目标的设定也要将教学内容、学生的发展以及教师的活动统一起来。在制定语法课目标的时候，教师要通过前测，知道学生在这个语法项目上有怎样的基础，知道通过这个语法项目的学习能够培养学生的哪些素养，知道设计什么样的活动能够让学生充分发挥主体性去展开对语法的深度学习。切忌将教学内容（如定语从句的形式、现在进行时表示将来的意义等）当成教学目标，应把学生学习了这个语法项目后获得的发展作为目标；切忌将学生获得的一般性发展（如提高学生的批判性思维能力、提高学生学习语法的兴趣等）作为教学目标，既不说明批判思维能力更具体的指标，也不说明通过什么样的内容和活动能够达到这些目标；切忌将教学活动（如讲解定语从句、组织学生讨论定语从句的意义等）当成教学目标，而应说明学生应该做什么，能获得什么具体可检测的发展。

例如，人教版（2019）高中《英语》必修一 Unit 4 Natural Disasters 的语法项目是用 that/which/who/whom/whose 引导的限制性定语从句。前文已经提到，通过对学生的前测得出了学生学习的难点是对定语从句的判定（形式）以及对定语从句的运用。所以，结合课程标准中对定语从句学习的要求，即在语篇中正确地理解和使用由关系代词that、which、who、whom、whose引导的限制性定语从句，制定本语法项目的课时教学目标如下：1. 学生通过自主探究和双人合作，归纳语篇中出现的定语从句的形式上的特点，在语篇中识别定语从句并加深对定语从句形式的理解；2. 学生通过小组合作，分析定语从句在运用中的难点，从而正确使用定语从句描述一种自然灾害。

(三)基于活动设计教学环节

活动与体验是深度学习的五个特征之一，这里指的是学生在主动体验和积极参与活动的过程中发展英语学科核心素养。可见成功设计丰富的教学活动供学生体验的重要性。《课标》也在给老师们的教学实施建议中明确提出了要实践英语学习活动观，促进核心素养有效形成。同时，《课标》还明确了活动是英语学习的基本形式，是学习者学习和尝试运用语言理解与表达意义，培养文化意识，发展多元思维，形成学习能力的主要途径。《课标》将英语学习活动分为三个层次：学习理解类活动、应用实践类活动以及迁移创新类活动。而将深度学习的认知过程与这三类活动整合，就形成了中学英语语法教学活动的基本模式：觉知—调和—归纳—内化—迁移。

1. 觉知(学习理解类活动)

语法学习的觉知阶段是学习的入口，所以教师要围绕单元主题创设情境，激活学生已有的知识和经验，铺垫必要的语言和文化背景知识，引起学生对所要学习的语法项目的感知与注意，为后面形成新的认知结构做好铺垫，同时激发学生对将要学的内容的兴趣和动机。例如，人教版(2019)高中《英语》选择性必修一 Unit 3 Fascinating Parks 的语法项目是动词-ing形式做句子的主语。在上课之初，教师通过让学生观察重庆南山植物园的图片来创设情境，并用图片和对图片的语言描述形式引出了目标语言项目动词-ing形式做句子的主语。而几句语言描述加起来也是一个描写主题公园的语篇，这成功引起了学生对此语法项目的感知与注意，并且激起了学生对所学内容的兴趣。

2. 调和（学习理解类活动）

觉知过后是调和阶段。学习者在这一阶段会产生多种理解、疑惑，甚至误解，需要对多种认知进行选择、重组和反思，进而开始构建自己的认知结构（胡航，2017）。教师要设计合理的活动，帮助学生顺利调和知识。例如，在引入对南山植物园介绍的语篇之后，教师让学生将每句话的主语勾画出来，然后让学生对这些主语进行观察，看看做主语的都是什么结构。在学生已有的认知结构中，做句子主语的一般是名词和代词，所以有的学生会对动词-ing形式做主语这一点产生疑惑或是误解，不知道为何动词-ing形式还能做句子的主语。这时，教师可以引导学生进行思考，其他结构是否能做句子的主语，如果能，那要具备什么条件。

3. 归纳（学习理解类活动）

在对新知进行调和之后，就进入了归纳阶段。归纳阶段主要是对调和阶段逐渐统一的认知进行反思和整理，形成一些规律性的东西，为后面的操练和迁移做准备。在这里，教师需要鼓励学生从语篇中获得新知，并对信息进行梳理和概括。此时，教师给出南山植物园语篇的两个版本，一个版本里是名词性代词做句子的主语，另一个版本是动词-ing形式做句子的主语，并引导学生进行合作探究，对比并且归纳名词性代词做主语与动词-ing形式做主语在形式和效果上有什么不同之处。这个环节之后，学生自主总结归纳出了规律性的东西，为后面运用动词-ing形式做句子主语奠定了基础。而且学生自己探索出的规律比教师教授的更容易被学生现有的知识结构所接受，大脑中的知识结构会使得新的规律更有意义、更容易被记住。学生在课堂中主动思考而非被动接受，这样他们的注意力会更集中，也会更加有动力（林立，2013）。

4. 内化（应用实践类活动）

以上的三个阶段都属于学习理解类活动，但为应用实践类活动奠定了基础。

要想熟练应用与迁移语法，光靠归纳是远远不够的，还需要大量基于语篇的形式多样的操练活动。《课标》指出，教师可以引导学生围绕主题和所形成的新的知识结构开展描述、阐释、分析、判断等交流活动，逐步实现对语言知识和文化知识的内化，巩固新的知识结构，促进语言运用的自动化，助力学生将知识转化为能力。为此，教师可根据需要设计一系列与主题相关的语法操练活动，例如语篇填空、语篇填句、基于语篇的句子翻译、采访、角色扮演、短剧表演等，旨在让学生熟练掌握语法的形式和用法，为迁移打下基础。

5. 迁移（迁移创新类活动）

语法教学活动的最后阶段就是迁移。要求学生能够将所学到的语法知识灵活迁移到不同的情境中去，从而提高问题解决能力，培养设计和创造性思维。这一阶段的活动属于迁移创新类活动，主要包括推理与论证、批判与评价、想象与创造等超越语篇的学习活动。《课标》指出，鼓励学生通过自主、合作、探究的学习方式创造性地解决陌生情境中的问题，理性表达观点、情感和态度，体现正确的价值观，实现深度学习，促进能力向素养的转化。为了达到这个目标，教师可以设计一个基于真实语境的迁移活动，例如，让学生把自己的校园设计成一个具有中国特色的主题公园，并且要用动词-ing做主语的句型来向外国人介绍这个主题公园。这既提高了学生的语法运用能力，也落实了立德树人的根本任务。

(四)基于目标设计评价任务

评价是深度学习中教师教学以及学生学习不可或缺的环节,直接影响到学生学习和教师后期教学的改进。评价要有评价目标、评价任务、评价标准以及评价方式。评价目标与教学目标密不可分,评价任务与教学活动息息相关,评价标准要与学情和课程标准紧密挂钩,评价方式要多样化。例如,如果本节课的教学目标为:学生能小组合作设计一个具有中国特色的主题公园并且用动词-ing做主语的句型对其进行介绍,那么评价就可参照表3-2。

表3-2　教学评价表

评价目标	评价任务	评价标准	评价方式
学生能设计一个具有中国特色的主题公园并且对其进行介绍	学生以小组为单位分任务完成一个具有中国特色的主题公园的设计,并且对其进行介绍	1.知道从哪几个方面去设计主题公园 2.能够在介绍主题公园时,使用至少四个动词-ing做主语的语法项目	生生评价,师生评价

为了改变当下中学英语语法课堂费时低效的状况,教师应该积极将深度学习的理念运用到语法教学的方方面面中去。从基于主题意义的单元整体备课,到有效的学情分析,到设定科学可检测的目标,再到实践英语学习活动观,真正让学生的核心素养得到发展。

第四节 基于深度学习的中学英语写作教学设计策略

一、写作课的设计原则：单元整体教学设计

深度学习倡导单元学习，“单元”是指学科课程实施的单元，通常以主题为中心（刘月霞等，2018）。《课标》也指出，单元是承载主题意义的基本单位，并倡导关注主题意义，制订指向核心素养发展的单元整体教学目标。单元整体教学设计遵循“整体大于部分之和”的整体性原则，对课程内容进行设计，能避免听、说、读、看、写各项任务相互割裂和碎片化。因此，中学英语写作教学设计应符合单元整体教学设计的原则，围绕话题组织内容，梳理与筛选信息，以提高写作内容与主题的相关度。

二、写作课的学习方式：个性化合作学习

深度学习倡导个性化合作学习的课堂学习方式。在英语写作课堂上，教师可根据学生的写作水平按“组间同质，组内异质”的原则，将学生分成小组，每组4—6人，目的在于促进写作过程中的合作交流。

三、写作课的教学过程

（一）写前阶段

1. 审题与构思

在审题环节，教师引导学生对题目进行剖析，学生审读题目内容，同时勾画出要点，然后分别从体裁、时态、人称三方面解题，并将自己的审题结果记录下来。之后，学生以小组为单位开展交流讨论活动，形成小组意见，进行小组汇报。如果学生在审题结果上存在分歧，教师应对审题进行指导；如果意见是一致的、正确的，教师就进行下一步。

深度学习的“联想与结构”特征强调教学内容要与学生的经验建立关联。在构思环节，教师可以通过问题引导，运用头脑风暴活动促使学生谈论主题，也可以让学生完成主题思维导图，并与小组成员进行交流。在头脑风暴和小组讨论过程中，学生能突破思维局限，将同伴的信息与自己的信息进行整合，列出作文的提纲，为后续写作活动搭建第一层写作框架。此环节就是教师唤醒学生已有经验的活动，使学生已有的经验与新知识之间建立联系，进而使学生与知识建立意义关联，实现经验与知识的相互转化。

2. 以读促写

《课标》指出，在语言运用过程中，各种语言技能往往不是单独使用的，理解性技能与表达性技能可能同时使用。以读促写的教学策略就是借助阅读，为学生搭建话题牵引下的词块、句型知识结构，以及功能牵引下的篇章知识体系，如段落结构、篇章结构，从而为相关写作任务构建知识、能力和情感框架，为写作输出做好准备。

教师根据写作主题，为学生提供范文素材。首先，教师需设计厘清文章主干和结构的理解性练习，让学生通过阅读、分析范文，把握文章的主干内容和基本结构。然后，教师按文本逻辑设计提取范文关键词的练习，类似于列提纲。教师还要鼓励学生勾画出每段的好词好句，批注在提纲旁边，并在小组内进行交流，形成合作学习成果。教师在这期间，要观察各组的讨论情况，并对需要帮助的学生进行单独辅导。在小组讨论之后，教师邀请每组代表进行分享交流，并对学生合作学习的成果进行评价。

教师应根据题目内容，为学生提供写作素材。学生综合范文和写作素材，从文章结构、内容和语言三方面列写作提纲，再修改写作提纲。

写前阶段从审题到确定提纲，学生在不断更新和深化对写作主题的认识，在开拓思维的同时主动地构建新知识，为之后的写作环节打下了扎实的基础(庄晓瑛，2016)。

深度学习的“活动与体验”特征，就是要让学生在教师的带领下去探索新知、构建新知。学生通过阅读提升写作能力的过程就是学习的过程，而学习过程本身就是学生体验社会性情绪、情感，进行积极正向的社会化学习的重要活动(刘月霞等，2018)。

(二)写作阶段

1.写作初稿

首先，教师要求学生回顾范文和写作提纲，并口头说出每段的主旨和主要内容，以帮助学生加深对语篇结构和段落写作的认识。其次，教师带领学生联想词汇和句型，包括衔接词和过渡句。学生选择性记录下同伴给出的意见，为自己的书面表达补充词块。接下来，学生在规定时间内自主完成作文初稿。在这期间，教师要关注每个学生的写作情况和进度，并对写作有困难的学生进行指导和帮助(庄晓瑛，2016)。教师还要记录下巡视过程中发现的学生的共同问题，以便在后面的评价中予以说明。

2. 评价修改

《课标》指出，学生既是学习的主体，也和教师一样同为评价的主体。学生应在教师的指导下，学习使用适当的评价方法和可行的评价工具，积极参与评价，发现和分析学习中的具体问题。持续性评价是深度学习中教师教学、学生学习不可缺少的环节(刘月霞等，2018)。

初稿完成之后，紧接着是评价和修改阶段。评价包括自评、互评、集体评三个环节。第一步是学生自评，主要从篇章结构、内容和语言三方面进行审核(见表3-3)，修改不符合标准的部分。第二步是同伴互评。教师组织学生通过小组合作的方式根据同伴互评表(见表3-4)对组内同伴的作文进行评价。首先，学生应审查作文的结构是否清晰，内容是否紧扣主题。其次，学生应审查作文中的语言使用情况，包括单词拼写和语法的错误以及过渡词句的运用。最后，学生挑选出同伴作文中的优点进行赏析，对不足之处提出修改意见(庄晓瑛，2016)。第三步是集体评价。在同伴互评中产生的优秀习作和有争议的习作可以作为集体评价的代表作。学生根据教师提供的评分标准(见表3-5)对代表作进行赋分，并在交流汇报时说明理由和修改建议。教师在学生汇报时做好记录，对于学生合理的评价予以肯定，对有争议的部分进行示范性裁决。

表3-3　学生自评表

评价项目	评价内容
结构和内容	1.结构清晰 2.每个支撑点都与题目相关 3.每个支撑点都有一个适当的主题句 4.具体细节与主题句相关 5.这些想法非常独特和有创意
语言	1.文章的时态正确 2.文章使用的人称正确 3.无拼写、语法错误 4.文章连贯

表3-4　同伴互评表

评价项目	评价内容
结构	结构清晰：Yes(　　) No(　　) Beginning(key points)________________ Body(key points)________________ Ending(key points)________________
内容	信息与主题相关：Yes(　　) No(　　) 赏析： 独特的想法：________________ 补充的想法：________________
语言	1.没有拼写、语法错误：Yes(　　) No(　　) ________________ 2.文中有恰当的连接词：Yes(　　) No(　　) ________________ 3.赏析： 好词：________________ 好句：________________ 修改建议：________________

表3-5　集体评价标准

评价项目	分值
结构 (2分)	结构清晰(1分)；段落层次分明(1分)
内容 (10分)	围绕主题(2分)；内容充实(2分)；观点鲜明(2分)；观点有支撑(2分)；无废话(2分)
语言 (8分)	语言正确(2分)；词汇丰富，使用恰当(2分)；句式多样(2分)；语法结构丰富(2分)

(三)定稿阶段

教师先在集体评价环节对学生习作中的错误和修改时应注意的事项进行总结。学生再次阅读评价标准和反馈信息，对自己的作文进行第三次修改和润色，最后编辑定稿。在这个过程中，教师在班里巡视，解决学生在修改中遇到的困惑。为了让更多的学生相互学习、取长补短，在收到学生的定稿之后，教师可以选择部分学生的作品张贴展示、推荐投稿，以增强学生写作的成就感，提高学生写作的信心。

深度学习的“本质与变式”特征就是学生主动“质疑”“探究”“归纳”“演绎”，与正在学习的内容建立紧密的联系，是对教学内容的内化。“迁移与应用”是对“本质与变式”的印证与检验（刘月霞等，2018）。学生起草作文，修改作文，正是对写作的内化。学生根据评价表对同伴的习作进行评价赋分，也就是将内化的知识外显化、操作化的过程，是经验的扩展与提升，也是深度学习第五个特征“价值与评价”的体现。

基于深度学习的中学英语写作课以课堂互动性为特点，开展个性化合作学习。教师引导学生参与课堂教学的每一个环节，主动地去构建知识。教师还引导学生开展多样化的评价，真正践行“以学生为主体，教师为主导”的课堂教学理念。写作是一项复杂的脑力劳动，语篇的结构、语言的选用、叙述的逻辑、内容的选择、信息的取舍等方面都反映了作者的思想、态度、文化素养、语言基础等（赵尚华，2015）。提高学生的写作能力不可能一蹴而就，需要教师有计划地带领学生开展各项写作技能训练，对学生悉心指导，培养学生良好的语言习得习惯，提高写作教学的实效性，以实现提高学生的书面表达能力的目标。

第四章

中学英语单元整体教学教材内容分析策略

第一节 教材的概念

一、教材

教材的定义随着时代的变迁有广义和狭义之分。从广义上看,“教学材料”就是“教材”的全称。教学材料不仅包括课内会使用到的材料,也包括课外会接触到的教辅资料、教学视频、复印材料和教学实物等,还包括教师根据学生与课堂实际需要设计编写的资料(程晓堂等,2011)。狭义的教材即教科书,也是大众熟知的课本。

优秀的教材本身有一定的吸引力与趣味性,能满足学习者的需求,帮助学习者在轻松自在的环境中逐步形成自主学习能力,进而促使他们建立起有效学习的信心。学习者能够依据自己的水平挑选到适合的教材,体验到真正的语言氛围,为自己创造性地运用所学语言进行真实交流提供机会。对于人民教师而言,优秀的教材能够帮助他们更好地组织教学过程,在教学过程中充分展现教育机制(程晓堂等,2011)。

二、英语教材

《普通高中英语课程标准(实验)》对英语教材的定义是:“英语教材

是指英语教学中使用的教科书以及与之配套使用的练习册、活动册、故事书、自学手册、录音带、录像带、挂图、卡片、教学实物、计算机软件等等。”

本章里的教材主要是指狭义的教材，主要讨论作为学校教科书使用的人教版(2019)高中英语教材。

第二节 单元整体教学下的教材内容分析

一、教材分析

在传统意义上，教材分析是教师进行教学设计的前提，教材分析的结果渗透在教学设计之中。如果不展开认真细致的教材分析，教师就很难把握教材的内在理路及教学方式，也就难以将教材内容转化为教学内容。各学科教材分析在主题上既存在共性，也各具特性。对于一门语言学科的教学，我们要明白，语言教学的根本目标在于提高学生的语言能力，而语言能力的形成则建立在基础语言知识、基本语言技能以及跨文化意识和跨文化交际能力的基础上。

现代教学论认为，要实现教学最优化，就必须实现教学目标最优化和教学过程最优化。教材分析是实现教学过程最优化的重要内容和手段，教材分析和教材处理是备课的核心环节，是教学设计的前提和基础，是制定合理有效的教学方案的关键步骤。因此，每一位任课教师，都必须了解和把握教材分析及处理的基本观念和策略（高丽绪，2012）。

二、单元整体教学下的教材内容分析策略

《课标》对高中英语教材在主题语境、语篇类型、语言知识、文化知识、语言技能和学习策略六个方面提出了具体内容标准。中学英语单元整体教学是指英语学科教师通过研读教学单元所有语篇内容，找出语篇之间的逻辑链条，构建学习小单元，再根据课程标准要求，提炼出单元大观念，在大观念统领下带领学生深入开展基于主题意义探究的学习理解、应用实践和迁移创新活动，通过一系列活动达成单元学习目标，发展学生英语学科核心素养。因此，中学英语学科单元整体教学下的教材内容分析应当根据课程标准所提出的六个方面的具体内容标准进行。

（一）主题语境分析策略

主题语境涵盖人与自我、人与社会和人与自然，涉及人文社会科学和自然科学等领域的内容，为学科育人提供话题和语境。因而，要分析教材，首先得从教材的主题语境着手。

（二）语篇类型分析策略

语篇类型包括不同类型的文体，如记叙文、说明文、议论文、应用文、访谈、对话等，以及口头、书面等多模态形式的语篇，如文字、图示、歌曲、音频、视频等。教材为语言学习提供文体素材，因而确定语篇类型，也是教材内容分析的重要策略。

（三）语言知识分析策略

在英语教学中，英语语言知识占有非常重要的地位，它是培养学生综合语言运用能力的前提，主要由语音、词汇、语法、语篇、语用知识组成。这里主要对语言知识中的词汇、语法进行详细地分析。

1. 词汇

词汇学习是英语学习的基础,词汇的匮乏会使学生难以顺利进行听说、阅读、翻译等英语学习认知活动,同样也难以提高语言技能。人教版(2019)高中英语教材中词汇的安排主要体现在词汇复现率和词汇练习两方面。

如果要使学生的词汇积累达到课程标准要求的量,教师需要在日常教学中适当地添加一定的词汇;新词汇主要在每个单元的词汇练习和相关文章中出现或重复出现,很少在其他单元中出现;而练习更加注重通过运用各种词汇学习策略在语篇中巩固强化对新词汇的掌握。

2. 语法

语法的练习形式可以分成三类:形式型练习(Form-based Activities),如填空、转换、多项选择;意义型练习(Meaning-based Activities),如汉译英或英译汉、基于意义的填空或多项选择、没有提供选择答案的填空、配对、改错、合并句子等;交际型练习(Communicative Activities)。

(四)文化知识分析策略

语言是文化不可分割的一部分,语言不能离开文化而存在。在英语学习过程中,接触和了解英语国家的文化,有利于加深对英语的理解,有利于比较文化异同,有利于培养学生的世界意识,进而汲取文化精华,坚定文化自信。

1.《课标》对文化知识的要求

《课标》指出,文化知识涵盖物质和精神两个方面。物质方面主要包括饮食、服饰、建筑、交通等,以及相关的发明与创造;精神方面主要包括哲学、科学、教育、历史、文学、艺术,也包括价值观念、道德修养、审美情趣、社会规约和风俗习惯等。学习中外优秀文化,有助于学生在对不同文化的比较、鉴赏、批判和反思的过程中，拓宽国际视野，理解和包容不同文化，增强对中华优秀传统文化、革命文化和社会主义先进文化的认同，形成正确的价值观和道德情感，成为有文明素养和社会责任感的人。

2. 教材中文化知识内容的呈现

根据上述文化知识所要达到的标准，我们将教材中呈现的文化知识分为：Famous people and their contributions；Politics，economy，religion and mass media；Cultural phenomenon and cultural characteristics；National geography；Literature，art and history；Sports and entertainments；Sciences；Social life；Attitudes and stereotypes；Comparisons between Chinese and Western culture。

培养学生的文化意识，就要让他们了解必要的文化知识。语言教学中的文化知识有知识文化和交际文化两种。知识文化是指文化背景不同的人进行交际时，对某词、某句的理解和使用不产生直接影响的文化背景知识，如一个民族的政治、经济、教育、宗教、法律、哲学、历史文明、文学艺术等。交际文化则指在不同文化背景熏陶下的人们进行交际时，容易造成交际失误的某词、某句的文化背景知识，如一个民族的日常言语行为，包括问候、致谢、道歉、称呼、称谓等语言习惯和带有鲜明民族文化特色的委婉语、谦逊语、客套语、禁忌语等。

（五）语言技能分析策略

语言技能分为理解性技能和表达性技能，主要是指听、说、读、看、写五个方面。就语言学习规律而言，听和说是第一位的，是语言运用能力的重要组成部分；读和看既是学生获取知识的主要手段，又是十分重要的技能，它不仅对词汇学习、语法学习具有积极作用，而且与其他语言技能密切相关；写作能力训练是发展学生思维能力和表达能力的有效途径，也是衡量教学效果的标准之一。从认知的角度上来看，听力和阅读属于理解技能，而口语和写作则属于产出技能。

第一，听：(1)听力话题；(2)听力材料的体裁；(3)听力练习。

第二，说：(1)口语话题；(2)话题功能；(3)口语练习。

第三，读：(1)阅读话题；(2)阅读体裁；(3)阅读活动 。

第四，看：(1)多模态语篇，如图像、表格、动画、符号及视频；(2)理解语篇意义。

第五，写：(1)写作话题；(2)写作体裁；(3)写作活动。

(六)学习策略分析策略

1. 学习策略的类型

《课标》指出，学习策略主要指学生为促进语言学习和语言运用而采取的各种行动和步骤，常用的策略包括元认知策略、认知策略、交际策略和情感策略等。

2. 教材中学习策略的呈现

外显性学习策略在人教版(2019)高中英语教材中，出现在学习建议板块(Learning Tip)中，这是向学生介绍学习策略的专栏。内隐性学习策略可能出现在各个板块中，是在学习的过程中习得的。在Reading部分，学生需要通过各种练习活动学习不同的阅读策略和方法，如略读(skimming)、扫读(scanning)、猜测词义、推理、归纳等。Useful Words and Expressions板块给学生提供了很多扩大词汇量的方法，如构词法、联想法、分类法。Discovering Useful Structures 板块则引导学生运用归纳法和发现法找出语法规律，获得成功的体验。在听力学习方面，更加注重预测、速记、听关键词等方法的掌握。口语的锻炼形式多种多样，但是在介绍口语交际策略方面还存在着很大的不足。写作策略方面注重对学生写作过程的指导，例如让学生明确每种写作模式的特点，让学生通过头脑风暴的方式把握要写内容的主要观点，教授写作衔接与连贯的方法与手段，帮助学生学会在写前列写作大纲等。

第三节 中学英语单元整体教学目标提炼策略

单元整体教学是一系列完整的、有逻辑的教学活动。这些教学活动之间不是孤立的，而是相互联系的，循序渐进的。将这些活动串联起来的主线，就是单元整体教学目标。可以说，整个单元活动的设计，都是围绕实现单元整体教学目标来展开的。因此，要实现单元整体教学，设置合理的单元整体教学目标尤为重要。下面，将单元整体教学单元目标提取策略归纳如下：

(1)研读单元内容，探究语篇主题意义，提炼单元大观念；

(2)基于单元大观念，分析单元语篇的关联；

(3)整合信息，提取单元整体教学目标。

一、研读单元内容，探究语篇主题意义，提炼单元大观念

大观念是一个单元深层的、有意义的、可迁移的核心观念，是反映学科本质的核心知识、思想和价值。从课程内容上看大观念是教学内容的核心概念架构，是学科结构的骨架和主干部分。具体来说，它是学生完

成学习后形成的新的认知结构、价值观念,是能够对学生产生深远影响的观念,并会持久影响其品格、品行和行为表现(王蔷等,2021)。下面以人教版(2019)高中《英语》选择性必修二 Unit 2 Bridging Cultures 为例,试分析单元大观念。

本单元语篇及主题意义分析如表4-1所示。

表4-1　Unit2 语篇及主题意义分析

语篇	语篇类型	语篇内容	语篇主题意义
Reading and Thinking	新闻报道(阅读)	中国留学生 Xie Lei 初到国外遇到困难和挑战,并逐渐适应新环境的经历	跨文化交流对个人发展的意义
Using Language	访谈对话(听力)	巴基斯坦孔子学院教师分享成为汉语教师的经历及学习汉语的重要意义	跨文化交流对传播中华文化的意义,以及学习中华文化对个人发展的重要意义
Using Language	议论文(阅读)	讨论出国留学的利弊	跨文化交流对个人发展及国家发展的意义
Video Time	记叙文(视听)	介绍外国留学生在中国学习中华文化的经历	跨文化交流对传播中华文化及留学生个人发展的意义
Workbook: Reading and Writing	记叙文(阅读)	外国留学生 Jim 在中国留学的所见所闻	跨文化交流对个人发展的意义
Workbook: Expanding Your World	说明文(阅读)	詹天佑的海外留学经历及归国后对祖国铁路修建的贡献	跨文化交流对个人发展和国家建设发展的意义

基于上表分析,可以看出,语篇主题意义多集中于跨文化交流,即跨文化交流既有利于个人成长,更有利于国家的建设发展。既然大观念是学生完成学习后形成的新的认知结构、价值观念,那么基于本单元的语篇主题意义,就可以将本单元的大观念归纳如下:学生能够基于语篇探

究跨文化交流的意义，形成价值认知，并能够迁移到自身的成长中，思考自己未来在跨文化交流过程中的目标和方向。

二、基于单元大观念，分析单元语篇的关联

所谓单元语篇的关联主要有两层含义，一是每个语篇与单元大观念之间的关联；二是语篇之间的关联。这样分析是为更好地安排组织教学内容做好铺垫，使教学目标层层递进，以保障教学活动的逻辑性和整体性。反之，如果不分析语篇之间的关联，我们设定的单元整体教学目标可能会杂乱、没有逻辑，不利于将整个单元的教学活动串联成一个完整的教学故事，进而影响单元整体教学的效果。

同样以人教版（2019）高中《英语》选择性必修二 Unit 2 Bridging Cultures 为例，试分析单元语篇关联。从语篇与大观念的关联角度分析，已知单元大观念是探究跨文化交流的意义，形成价值观。本单元的六个语篇分别呈现了跨文化交流三个方面的意义：跨文化交流对传播中华文化的意义，跨文化交流对个人发展的意义，跨文化交流对促进祖国建设发展的意义。但是如果按照这个顺序来分析，显然是不合理的，因此我们还需要考虑这三个维度之间的逻辑关系。

从语篇内部关联角度分析，跨文化交流意义的重要性应该是由浅入深、由小见大的，即先浅谈对个人发展的意义，再深入探讨对中华文化传播及国家发展的意义。

综上所述，语篇关联逻辑如图 4-1 所示。

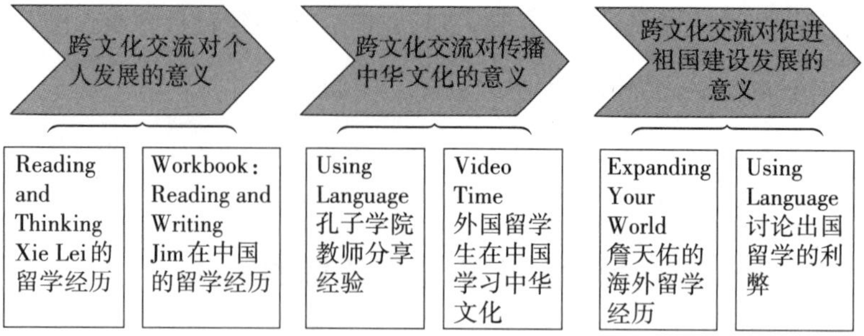

图4-1　语篇关联逻辑(跨文化交流的意义)

三、整合信息,提取单元整体教学目标

完成单元大观念提取与单元语篇关联分析后,基于大观念及语篇的逻辑关联,整合信息,将本单元的整体教学目标确定如下。

经过本单元的学习,学生能够:

(1)了解有关留学生的留学经历,分析跨文化交流对于个人发展的意义;

(2)了解孔子学院及外国留学生学习中华文化的经历,探究跨文化交流对于传播中华文化的意义;

(3)学习名人的留学生活和事迹,讨论跨文化交流对于祖国建设发展的意义。

总而言之,大单元教学并不是简单机械的将几节课放在一起,它是一个有逻辑的整体,具有整合性和整体性。一个单元就是一个完整的学习事件。单元整体教学目标就是串联起这个学习事件的一条主线。单元整体教学目标的设定是否合理关系到单元教学活动的设计及单元的整体教学大观念在各个教学环节中的落实。因此,在设定大单元整体教学目标时应注意以下几点:

(1)单元整体教学目标是总领整个单元教学活动的整体性目标，要区别于课时目标；

(2)每个单元中各个子目标之间是有逻辑、有层次的，不是随机的组合；

(3) 单元整体教学目标要围绕单元大观念设定，要指导后续的每一个环节。

第四节 中学英语单元整体教学学习小单元划分策略

结合主题语境和深度学习的理论,单元整体教学应以单元主题为线索,将各个子话题下的教学目标按照觉知、调和、归纳、迁移的顺序,规划出一系列由浅到深、由表及里的教材组织、资源开发和教学活动的实施方案,最终全面发展学生核心素养和落实学科育人目标。

一、深度学习下单元整体教学小单元划分策略

(一)确定主线并划分子主题

高中英语教材的每个单元都围绕着一个单元主题语境设计,为发展学生的语言能力、文化意识、思维品质和学习能力提供平台。我们可以首先从单元内的各个语篇,如听说、阅读、语法、写作、视频、练习、补充阅读等板块着手,从语篇内容、语篇类型、语篇主题等方面对文本进行分析,了解单元主题下各个文本设置的目的及功能。接着根据单元大观念和深度学习的四个步骤,对文本进行子主题的划分,确定哪些部分是重

在内容的了解和识记，哪些是重在理解和内化，哪些是重在形成结构化模型以用于真实情境中，从而划分子主题。

（二）促进联系并强化关联

在大致划分了子主题后，要着重促进它们的逻辑关联。深度学习的步骤是循序渐进的，包括觉知、调和、归纳和迁移。因此，单元整体课时目标设计也是螺旋递进的，最终体现出单元大观念。单元整体教学是在某一个设定的时期内，通过课内和课外不同的空间共同促进学生发展的教学。教师可以选择在一堂课上让学生充分感知和体会一个子话题下的主题，也可以让学生在课下通过各种资源进行自主学习，前一节课还可以为后一节课做铺垫，从而打破课时界限，最终利用时间和空间的优势形成深度学习的教学活动链。

（三）扩展要点并形成结构

各个子话题形成逻辑关联后，结合学生学习重难点和最终的单元项目任务，我们可以筛选更多与主题相关的语篇来创设相应的语境，如加入相同话题中不同语篇类型的文章来引导学生进行语篇的比较，补充相关练习题等；可以改编、补充和删减单元已有的文本，最终形成单元整体教学的逻辑结构。

二、实践课例

人教版（2019）高中《英语》必修一 Unit 5 Languages Around the World，作为深度学习下高中英语单元整体教学课例实践对象，包括认识语言和学习语言两个方面。

(一)内容分析

Unit 5 Languages Around the World语篇主题分析见表4-2。

表4-2　Unit5 语篇主题分析

语篇	语篇类型	语篇内容	语篇主题
Opening Page	名人名言	一门语言能带你进入人生旅途,两门语言则为你开启人生旅途中所有的大门	了解学习多种语言的意义
Listening and Speaking	对话	介绍了世界语言的数量、联合国工作语言及学习外语的动机和理由等	认识外语学习动机
Reading and Thinking	说明文	介绍了我国汉字书写历史的发展,及其对中华文明传承起到的积极作用	认识汉语价值
Listening and Talking	对话	介绍了英式英语和美式英语的主要区别	认识英语语言的不同变体和特点
Reading for Writing	博文	探讨英语学习中的困难并提出相应建议	认识英语学习策略
Project	词条制作	制作英语词典银行	了解英语词典的基本组成和运用词典学习英语词汇的方法
Video Time	视频	介绍汉字的起源、发展历史和未来趋势	增加中国汉字的历史介绍
Workbook:Expanding Your World	说明文	介绍英语牛津词典的发展及意义	认识英语发展特点
Workbook:Reading	记叙文	介绍了Tim Doner学习多门外语的方法和收获	介绍英语学习策略

(二)深度学习模式下的大单元教学

基于本单元的目标和整个单元各个部分的内容分析，我们可以把内容大致分为两个子主题，即认识语言和学习语言，通过Project形成语言国际视野。认识语言子主题包括Listening and Speaking, Reading and Thinking, Listening and Talking, 拓展阅读*The Book That Keeps on Growing*以及Video Time五个语篇；学习语言子主题包括Reading for Writing和拓展阅读*Polyglots*两个语篇，如图4-2所示。

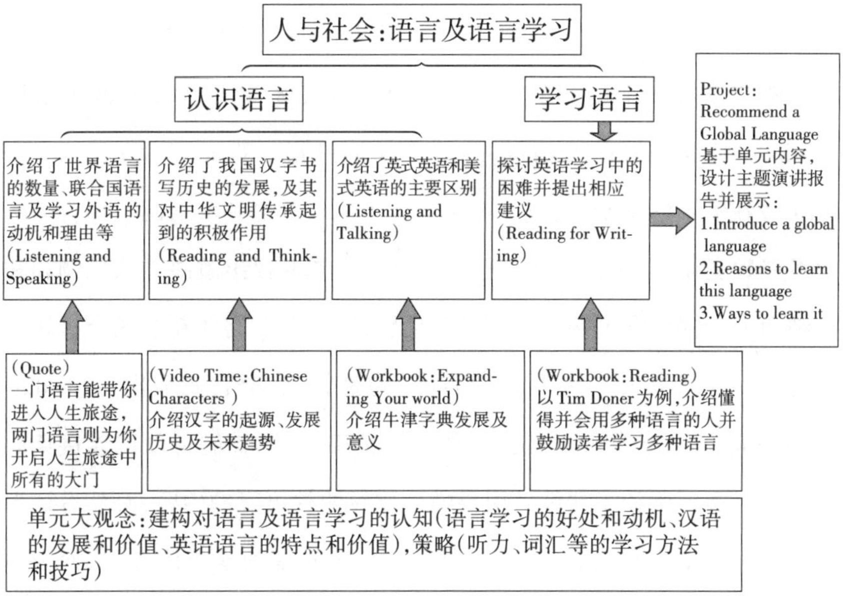

图4-2 Unit 5 Languages Around the World语篇主题及子主题划分

结合深度学习的课堂模式——觉知、调和、归纳和迁移，本单元的两个子话题还可以继续分为觉知认识语言(包括Listening and Speaking和Workbook部分的*The Book That Keeps on Growing*)、调和认识语言(包括Reading and Thinking, Listening and Talking, Video Time)、归纳学习语言(包括Reading for Writing和拓展阅读*Polyglots*)和迁移学习语言(包括Project)。

三、深度学习下单元整体教学小单元划分实践

把单元语篇按照深度学习的四个步骤进行划分后，板块之间的逻辑性较弱。觉知部分针对知识的识记和理解，同时也为学生运用整个单元的知识做好铺垫，但是前者并不能较好地为后者打好进一步认识语言、比较语言的基础，特别是在认识英语语言的发展和变化这一方面。因此，为了强化觉知和调和两个部分的逻辑关联，需要在觉知部分加入一篇介绍英语语言发展和变化的文章，才能为调和阶段认识语言，进而比较英汉两种语言不同时期的变化及原因，提供思维发展的空间。

调和以及归纳的目的是使知识结构化。本单元设计的四个语篇Reading and Thinking、Listening and Talking、Video Time以及Reading for Writing在觉知的基础上，进一步引导学生比较汉语和英语两门语言的历史发展和变化，以及探讨语言学习面临的问题并提出解决方法。调和和归纳两个步骤包含了两个不同的子话题，因此我们需要在这两个板块之间寻找一个连接点。就写作而言，结构是骨架，语言是血肉。Reading for Writing语篇本身可以提供写作结构基础，所以我们可以把连接点放在语言上面。调和步骤涉及引导学生比较两种语言的内容，必然有认识语言方面的语料积累，所以如何把认识语言转变为学习语言，从而为写作做铺垫就成为这个步骤中的关键。综上考虑，我们把本单元的语法板块融入拓展阅读——*Polyglots*中，通过改编和加入拓展内容，认识不同语言和学习语言，为学生创设一个使用定语从句的情境。

觉知部分中了解多门国际性语言的发展历史；调和部分中通过视听、阅读等方式了解汉语和英语两种语言的历史和发展，并进行分析比较；归纳部分中阅读认识语言和学习语言的文章进而使用目标语法，通过Reading for Writing陈述语言学习的困难并找出解决方法；在不同阶段

使用一系列由浅入深、由识记到理解、由分析到评价的教学手段后，教师应在迁移部分中设计活动，让学生基于本单元所学内容介绍一门世界性语言，包括它的基本特点以及学习它的理由和方法，为提升整个单元的核心素养目标提供有效动力。深度学习的四个步骤，充分体现了各个环节的逻辑关联，实现了目标的递进和学生能力的提升。人教版(2019)高中《英语》必修一Unit 5 Languages Around the World深度学习大单元教学课时安排见表4-3。

表4-3　Unit5　深度学习大单元教学课时安排表

小单元划分	语篇内容	课型及课时
觉知 (认识语言)	Explore Languages Around the World	听说(1课时)
	The Book That Keeps on Growing	阅读(1课时)
	The History and Development of the English Language	阅读(1课时)
调和 (认识语言)	*The Chinese Writing System: Connecting the Past and the Present*	阅读(2课时)
	Explore Different Kinds of English	听说(1课时)
	Chinese Characters	视听(1课时)
归纳 (学习语言)	Write a blog about English study	读写(1课时)
	Polyglots 改编	语法(1课时)
迁移 (学习语言)	Talk about a world languge, and list reasons and strategies to learn it	单元Project (1课时)

四、总结

深度学习视角下的高中英语单元整体教学是以教材单元主题为整体来展开的一种具有逻辑性、科学性和系统性的教学实践策略。教师在设计过程中，要注意以下三点：确定主线并划分子主题，通过语篇主题初步划分子话题；促进联系并强化关联，敏锐地观察子话题之间的联系，依据学生认知规律设定逐层递进的关系。

第五节 中学英语单元整体教学学生活动设计策略

一、单元整体教学活动依据

《课标》指出，指向学科核心素养发展的英语学习活动观，明确活动是英语学习的基本形式，是学习者学习和尝试运用语言理解与表达意义，培养文化意识，发展多元思维，形成学习能力的主要途径。活动观的提出为整合课程内容、实施深度教学、落实课程总目标提供了有力保障，也为变革学生的学习方式、提升英语教与学的效果提供了可操作的途径。

二、单元整体教学学生活动类型

《课标》指出，英语学习活动的设计应以促进学生英语学科核心素养的发展为目标，围绕主题语境，基于口头和书面等多模态形式的语篇，通过学习理解、应用实践、迁移创新等层层递进的语言、思维、文化相融合的活动，引导学生加深对主题意义的理解；帮助学生在活动中习得语言知识，运用语言技能，阐释文化内涵，比较文化异同，评析语篇意义，形成正确的价值观和积极的情感态度，进而尝试在新的语境中运用所学语言和文化知识，分析问题、解决问题，创造性地表达个人观点、情感和态度。

按照《课标》根据英语学习活动观对学习活动的分类及胡航博士的深度学习理论，单元整体教学活动可分为以下几种活动类型：觉知阶段的学习理解活动、调和及归纳阶段的应用实践活动和迁移阶段的创新活动。

学习理解类活动是指，觉知阶段是学习的入口，即学习者通过PCL活动，参与、感知、体验和理解学习内容的过程（胡航，2017）。在此阶段中，学习者通过学习理解类活动，进行主题内容的输入，在整个学习过程中起基础作用。调和阶段主要在内化的基础上进行，学习者在这一阶段会产生多种理解、疑惑，甚至误解，需要对多种认知进行选择、重组和反思，进而开始构建自己的认知结构。归纳阶段主要对调和阶段逐渐统一的认知进行反思和整理（胡航，2017）。

应用实践类活动是基于单元整体内容，以单元话题为主导设计的英语课堂中的各种实践活动，旨在进行主题意义的内化。比如，通过听段落或对话获取关键信息，根据关键信息进行问答；在阅读中获取相应的知识素材、语言素材；在写作中将单元语言知识和话题进行单项输出等。

迁移创新类活动则是在完成相应单元教学内容活动的基础上进行的。如根据小单元划分的语篇文段之间的关联，进行由部分到整体，由暗线小活动贯穿形成主线的整体活动，从而达到主题意义的外化，达到对主题意义提升运用的目的。概言之，主题意义探究视阈下的课堂学习活动应以学习理解类活动为基础，以应用实践类活动为中介，以迁移创新类活动为导向，实现主题意义的输入、内化和外化目标（张泰刚，2020）。

三、单元整体教学学生活动策略

设计单元整体教学输出活动，必须要根据单元的主题和功能，对单元的关键语言结构、目标语言、词汇及循环运用等进行整合补充，通过各种形式的交际活动构建个人理解的主题意义。也就是说，教师在探究主题意义后，设计出能让学生综合运用语言并进行独立思考和个性化表达的活动。

(一)基于单元目标，保持活动整体性

传统英语课堂对学生活动的设计，大部分基于课型决定活动的原则。比如，听说课的活动主要是围绕中心句型的对话或表演；阅读课的活动主要是在完成文本阅读过程中设计的各类阅读训练，如课后复述等；写作课的活动基本是以话题为中心的仿写或命题作文；语法课的活动就更为简单直接，即学习语法内容后完成相应的练习。在一定程度上，这些活动对帮助学生掌握语言知识和训练语言技能是有效的，但是这些“板块式”或“碎片式”的学生活动并不能有效发展学生对语言知识的深度学习能力，对学生核心素养的培养也无法取得实效。

单元整体教学下的活动设计，对教师研读教材的要求更高。首先，教师必须深入研读教材，对教学内容进行认真分析，根据大单元主题分割小单元并对单元教学资源进行整合，对教学重难点进行梳理概括；然后，以单元主题为引领，统筹安排和宏观设计教学活动，把所有教学内容从小主题串联或组建成单元大主题，搭建成一个立体全面的知识网，从而帮助学生构建整体的知识体系。

单元整合教学的基本理念是：教师基于课程内容的六要素，对单元教学内容和学生学情进行全面分析，确定贯穿整个单元的主题意义，厘

清理解、表达和学习能力发展的主线，并在此基础上设计出能够反映学生学习进度的单元整体教学活动。该设计应体现学习活动的综合性、层次性、相关性和实践性，帮助学生围绕主题意义开展多角度、多层次的学习理解、应用实践和迁移创新活动，从而形成对主题内容的整体理解，提高其综合表达能力。

单元整体教学中学生活动设计的备课要素为：首先，教师必须熟悉教材，对教学内容及文本进行深度分析及提炼，划分小单元并设计体现学习进阶的单元整体目标和小单元学习目标；其次，围绕主题意义和学生当前的学习能力、知识能力水平，构建在当前学习背景下能与现实结合的科学、合理的学习内容；最后，教师的课堂教学设计应基于单元的整体内容，围绕单元教学主线对学生输出活动进行能体现学生核心素养的、有层次的综合性设计。

（二）注意活动层次，培养深度思维

在英语教学过程中，教师要面向全体学生，因材施教，发挥不同学生的特长。因此，教师在备课过程中最重要的一点就是“备学生”。教师在教学活动中起主导作用，而学生则是整个教学活动中的主体，是关系教学活动是否能正常进行的参与者，是教学活动是否有效的检验者。教师在进行教学设计的时候，除了要预测教学过程中可能出现的问题（如，因学生理解出现的问题或教学指令不够清晰引起的活动混乱、停滞等），还要根据学生英语能力水平的差异进行分层次的学生活动（即不同层次的学生在相同时间内完成不同难度的学习活动，或不同层次的学生在不同阶段完成相同或有一定差异性的学习活动）。

单元整体教学学生活动设计的最终目标绝不仅仅局限于完成单元教学内容，实现教学目标，更重要的是让学生在学习过程中培养深度学

习的能力及习惯。而深度学习是指在理解的基础上，学习者能够批判地学习新思想和新知识，并将它们融入原有的认知结构中，且能将已有的知识迁移到新的情境中，以帮助做出决策和解决问题（马娟，2019）。

1. 培养学生的问题意识，把机会留给学生思考

问题意识是学生真正参与课堂的最好证明。无论是素质教育下的课程标准还是以核心素养为导向的课程标准，在实际教学中都提倡培养学生的问题意识或批判性思维。在长期教学中，我们发现能够对教师的教学内容提出许多问题的学生，成绩更稳定，学习兴趣更持久。

如何在宝贵的40分钟课堂内让学生多次有效提问？首先，课前教师可以对学生提出具体要求，让学生写下在预习过程中不理解的内容以便在课堂上提问，或更有针对性地听讲。其次，对于课堂上的新内容，教师还可以呈现一些相关的提示性内容，如图片、材料中的关键信息、词句，让学生对文章标题进行预测，以激发学生的好奇心，创造学生提问的机会。这也有助于提升学生的口语表达能力和语言组织能力。最后，对于学生提出的一系列问题，教师应做到耐心倾听，并给学生留下回答的机会，让学生能相互提问、相互解答；同时，对于无法解决的问题，教师应根据情况，可以当场解决，或者将问题保留，在教学内容输入、知识梳理内化过程中自然解决。

2. 培养学生的合作意识，把时间留给小组探究

合作既是学生学科学习的培养目标，也是新时期对学生素养的要求。良好有效的合作可以积极推动问题的解决，加快合作速度。当今社会对人才的要求，其中很重要的一项就是具有团队合作精神。由于社会经济的发展，现在学生家庭条件越来越好。很多学生从小就被父母和爷爷奶奶宠着，以自我为中心，在家庭生活中很少有与人合作的机会。学生进入学校后，成为小组、班级等各种大小集体的一分子，合作无处不

在,这样的局面也使得学生思考如何与他人相处,如何在集体中生活、学习和成长。团队合作的作用就是让学生学会思考、理解、接纳、学习、竞争。通过小组合作学习,每个参与者不仅学会了充分表达自己,还学会了接受他人、欣赏他人、相互学习,从而激发学习积极性。在评价他人的同时,也能接受他人的评价,这有利于学生形成正确的评价理念,培养良好的心理素质。这种素质也需要在课堂上得到培养和加强。作为语言学习方法的一种,合作学习在英语课堂中起着举足轻重的作用。对话、角色扮演、互评互改、探究思考等学生活动都能够有效地解决课堂上的问题,满足不同任务分工和角色扮演的需要。

3. 培养学生的批判意识,把机会留给学生质疑

要杜绝满堂灌的课堂模式,要提高学生在课堂上的积极性、主动性和参与性。课堂不仅仅是传道授业的场所,更是一个供学习者思想碰撞的交流平台。真正有效的课堂参与必须是能让学生深思熟虑的课堂,既能关注教师所传授的知识,又能进行思考与质疑,这也是新时期培养创新型人才的基本要求。在课堂上能积极思考,“有所问”,能大胆探索,“有所疑”,这样的学生往往拥有更强烈的学习动机和求知欲,学习状态也越来越好。

如何激发和培养学生的批判意识?第一,良好的师生关系是形成平等友爱、畅所欲言的课堂氛围的关键。第二,教师在教学过程中应有计划地创设问题情境,激发学生的求知欲。第三,尊重学生的每一次质疑和提问,让学生积极思考,主动提问。

如果一个学生具有“能提问,会合作,懂批判”的学习能力,自然也就具备了深度学习的基本素质。

(三)立足主题语境,设计真实活动

所谓教学情境创设,是指在教学过程中,为了实现既定的教学目标,加深学生的情感体验,帮助学生快速、正确地理解教材内容,教师应创设与教学内容相适应的情境。这种教学方法的基本特点是:直观形象、智能提示、形象相似等。这种教学方法可以使学生全身心投入课堂学习,消除学生的学习疲劳,增强学生的学习主动性,不断提高学生的阅读能力,进而达到"教学相长"的效果。设计立足于主题语境的学生活动需要注意以下几点。

1. 情感真挚,氛围轻松

"教贵情深",教学艺术的魅力在于感情。积极的感情交流能够使教学气氛和谐,更能充分调动学生的主动性、积极性,激发学生的学习兴趣。教师要热爱每一个学生,对所有学生一视同仁,在课堂上正确、适时地表达对学生的情感,在举止、语言上让学生感受到教师的可亲、可爱、可信,这样才能使学生消除恐惧心理,愉快地接受知识。

2. 联系生活,寓教于乐

目前中学英语教材中有许多教学内容与现实生活密切相关。利用现实生活创设教学情境,将学生置于贴近自身生活的情境中,不仅能激发学生的学习兴趣,还能使学生以最佳的情感状态积极参与学习并获得积极发展。在创设的情境中,让学生发挥主体作用,变被动接受学习为主动学习,激发学生思考和调动学生学习积极性。创设的情境越真实,越接近学生已有的知识和经验,就越能有效地促进学生对新知识的理解,让学生运用自己的语言知识达到用英语交流的目的。

3. 形式多样,保持新意

研究表明,不同年龄段的人注意力集中的时间长短不同。青少年的注意力集中时间大约为40分钟,然而持续不变的教学方法会使人感到厌

倦并缩短注意力集中的时间。因此,在英语教学活动设计中,应根据学生年龄及心理特征和不同的内容体系与教材风格,选择合适的方法创设情境,进行直观具体的教学。

例如,在新词汇教学中,教师可以通过使用物体、图片、模型、动作、手势和表情来创造一些情境(Flash cards, Guessing game 等)。在句型教学时,一种方式是,可以让学生进行仿句或者让学生自行造句并对句子的情境合理性和语言严谨性进行评价或修改(Make up new sentences or new stories, Comments on reports 等);另一种方式就是更为具体直接的情境式教学,把教室模拟成不同的场景:如在座椅上放置一些标志,让学生根据模拟情境进行问路和指路(Ask the way on the street)练习;在教室拉上绳索摆置衣架,再准备适合学生用英语表述的衣服,模拟服装店售卖衣物(Store sale);将水果、食物及餐具带到教室模拟市场售卖(Market sale);或是其他各种场所的场景模拟(At the doctor's, At the Airport, At the café, At a party 等)。

文本阅读的形式可以是教师主导、学生泛读、小组阅读、全班集体阅读等(Fast reading, Careful reading 等);对话的形式可以包括师生对话、学生对话、男女对话,小组 PK 等(Make a conversation, Role play 等);课文复习的形式可以采用背诵、复述、重写等(Rewrite, Retell 等)。这样一来,学生在各种情境下都能充满兴趣,有活跃的思维,从而激发学习兴趣和求知欲,教师的教学质量也提高了。

4. 主题鲜明,以"小"见"大"

除了充分利用课堂中的实物和直观教具创设情境,进行丰富多彩的语言训练外,教师还可以以实现目标语言习得为目的将一些学生活动引入课堂。例如:

(1)Duty report。与单元主题相关的课前值日报告,能从学生视角引入及补充相关材料。(2) Sing a song。对于青春期的学生来说，与单元主题相关的音乐不仅能激发他们的学习积极性，打破课堂沉闷的氛围，而且还是青春期心理疏导的好方法。(3)Flash cards。在学生语言学习初期，卡片主要用于单词的拼读和记忆。在有一定语言基础后，卡片游戏还可以变身为句子成分设定、情境创设抽签等。(4)Guessing game。此游戏在英语课堂教学中应用最为广泛，即可以根据图片来猜测与单元主题相关的单词、句型、情境等。(5) Role play。此游戏可分角色朗读、表演文章的对话或根据语篇进行改编、读后续写，进行深度学习中迁移部分探究。(6)Make a survey。此活动可以在文本教学之前作为单元主题话题进行引入和讨论，也可以在单元整体教学之后，作为迁移创新的学生活动。当然，学生活动形式各种各样，重点就是以单元主题为中心，将各种活动贯穿于课堂教学中。

总之，基于单元整体教学的学生活动设计意在培养学生的深度学习能力，同时，其亦能有针对性、关联性、层次性地完成整个单元的教学内容的学习。

第六节 中学英语单元整体教学评价活动设计策略

在强调多元智能发展和以人为本的今天，单元教学模式发展已逐步呈现多元化趋势，因此以单一测试为主的教学评价已不能满足现阶段教学评价的需求，教学评价也需要多元化。传统评价模式单一，更多是以传统的纸笔考试为主，忽视了个性差异，不太关注学生的个性化发展；同时评价重心过于集中在结果上，忽略过程，没有形成过程性评价，并不能对学生，尤其是基础薄弱的学生，起到很大的学习促进作用。因此，在全面实施素质教育的今天，改变传统教学评价模式显得尤为必要和迫切。

在单元整体教学中，教师应当鼓励和要求学生主动地、积极地、批判地参与具有挑战性的围绕单元特定主题的学习任务链，进而掌握英语学科核心知识和思维方式，并能将所学的知识迁移到生活情境中，解决实际问题。因而在单元整体教学的实施过程中，对学生活动和学习任务的动态的多元化评价，不仅有助于学生对知识与技能的掌握，提升整个课堂和单元的学习效果，同时也有助于教师培养和增强新的课程意识，转变传统观念，从被动的课程解释者转变为主动的课程开发者，从知识的权威者转变为学习的组织者和引导者，与学生一起成为课堂学习的合作者。

在单元教学具体实践中，教学评价要以课程标准为依据，按照学科课程标准，开展教学评价活动，对学生表现和学业成绩进行评价。何为评价活动？评价活动即对学习活动与学习的评价。何为单元整体教学评价活动？就中学英语而言，单元整体教学评价活动是指依据课程标准，围绕主题语境分析整合课程内容，设定整体目标和学习任务链，实施深度教学，实现知识迁移，解决实际问题，发展学生英语核心素养，对教学过程中产生的学习活动和学习效果的评价。单元整体教学评价活动不仅仅是基于课标、基于教材、基于学情的三合一产物，它还是教师教学和学生学习水平体现的重要载体和依据，必须遵循以下四条原则：

一、建构性原则

教师的评价出发点是为了促进学生对英语语言的学习，但同时评价也促进教师改变其教学内容、教学计划以及教学行为，促使教师不断探索适合于各种教学情境的评价方法。这种由教师立足于自己的课堂进行的自下而上的教学评价对提高语言教学质量意义重大。

二、交互性原则

在单元整体教学评价活动中，师生、生生间的交流和对话是评价创造学习空间的前提，也是评价发生的主要载体。学生的能力通过互动展示出来，教师和其同伴才能提供评价和反馈，从而促进语言学习的发展，促进师生、生生间思想和感情的交流，从而让师生双方都获得更大的进步。

三、知识性原则

实施评价活动时,教师和同伴在为学生提供暗示、引导、有针对性的建议或直接的解决方案等时,需要参照自己的知识和经验体系。高水平的学科知识、学科教学知识以及丰富的生活和学习经验会为学生提供很好的参照。

四、应答性原则

在评价活动中,教师需要及时、密切地关注学生在评价活动中对评价任务以及教师反馈的反应,分析他们的行为,关注他们的认知和情感需求,并在此基础上进行反馈和帮助。同时,学生对评价任务的反应可以改变教师的思维和行动,而改变后的教师思维和行动又能对学生起到更好的帮助作用。

根据《课标》中对学生知识与技能、过程与方法、情感态度价值观三个方面的要求,以及对单元整体教学的要求,运用评价或教学活动,由评价主体,即教师、同伴与学习者自己等共同参与,通过互相协商与对话,达到学习者实现能力发展的目的。单元整体教学评价分为以下三个方面:

(一)形成性评价

形成性评价主要指在教学前和教学过程中对学生学业状况等进行的评价,其目的在于了解学生已有的知识水平或学生在教学中取得的进步及存在的问题,及时调整教学策略,促进学生发展(万伟等,2004)。

教师在课堂教学中利用课堂提问、小组活动,培养学生的语言生成能力,并采取项目(project)、模拟练习(simulation exercise)、观察(observation)、访谈(interviews)、口语陈述(oral presentation)、自评(self-assessment)、互评

(peer-assessment)、合作评价(co-assessment)、自检表(checklist)等评价方式，根据学生对学习任务的反应进行即时反馈，从而不断为学生提供支持和鼓励。

(二)终结性评价

终结性评价，即终结性考试，主要指在学期末或某一阶段学习结束时对学生进行的全面评价，包括学业成绩、学习态度、学习方法、探究和实践能力、合作与交流能力等方面的评价(万伟等，2004)。

测试虽然过于关注结果，忽略过程，但不可否认它仍然是测试学生对所学知识掌握程度的重要评价手段，并能很好地体现教育的公信力。

(三)自评和他评

在教学中，教师要注重让学生积极参与评价活动。在学生参与评价之前，要结合具体的活动，给出评价的标准或者和学生一起讨论并共同制定评价的标准。从而在后续的评价活动中，让学生在自我评价中更好地认识自己的进步和不足，提升自己的内需力；在同学之间的互评中获得认同感和满足感(解浩刚，2016)。

在单元教学评价上，要关注教师在与学生的交往中，是否尊重和信任学生，是否对学生表现出热情与宽容，是否保护和鼓励了学生的好奇心和自信心，是否创设了民主、宽松的教学氛围，使学生都能大胆发言，提出问题，甚至提出与教师不同的观点；在讨论式、合作式、探究式等教学方式中，设置的问题是否具有探究性和拓展性，使学生能够深入思考，通过讨论、合作、探究等方式真正发现问题、解决问题，从而提高学生的思维能力和解决问题的能力。同时也要关注学生的参与状态、交往状态、思维状态和学习生成状态。

无论何种评价，我们都应该根据评价结果进行教学反思，从而内化为对提高教学质量、教师自我能力提升的自觉追求。

第七节 中学英语单元整体教学课后作业设计策略

我国对于作业的定义没有统一的界定。《辞海》中将作业解释为,为完成生产、学习等任务而布置的活动。《教育大辞典》中将作业分成课堂作业和课外作业两部分,前者指的是教师在上课时让学生当堂进行操练的各种类型的练习,后者指的是根据教师要求,学生在课外时间独立进行的学习活动,布置及检查课外作业是教学组织形式之一,一般认为它是课堂的延伸,有助于巩固和完善学生在课内学到的知识、技能,并培养学生的独立能力和学习习惯(顾明远,1998)。单元整体教学课后作业是单元教学设计中的一个重要部分,应从单元整体出发,基于单元教学目标来设计。相对于单独的课时作业而言,单元整体教学课后作业具有一定的关联性、递进性、系统性和综合性。

一、单元整体教学课后作业设计原则

单元整体教学课后作业是以教学单元为单位,以提高学生的学习兴趣和学科核心素养为目标,打破章节内容的界限,引导学生在对单元知识觉知、调和、归纳的基础上，通过掌握知识迁移的方法，提高解决问题的能力。在“核心素养”视角下，单元整体教学课后作业设计应遵循课程发展与教学实践环环相扣的规律，即核心素养—课程标准（学科素养/跨学科素养）—单元设计—课时计划；遵循由碎片化向结构化发展，由孤立化向系统化发展，由单一化向多样化发展，由分散化向主题化发展的原则。

（一）结构化原则

单元整体教学课后作业要求统筹思考各个课时作业之间的关联，增强同一单元不同课时作业之间的结构性和递进性，减少低效、简单、机械、重复的作业，从而减轻学生不必要的作业负担。在一个单元中可以对各个课时的作业目标、作业内容、作业类型、作业时间、作业难度、作业评价等进行整体设计与统筹分配，更好地实现课时作业之间的统整性、关联性与递进性。同时，帮助学生构建知识逻辑，将分散的知识点结构化地呈现出来。

（二）系统化原则

单元整体教学课后作业以单元为单位进行整体设计，从单元整体视角，对单元整体学习目标、教学目标、评价标准、作业等进行系统思考，而不是将作业孤立地进行设计。教学活动要以单元主题为引领，避免一课一练的枯燥、单一的作业模式和大量盲目的题海战术。

（三）多样化原则

传统教学中布置的作业单调得让学生感到乏味，降低了学生做作业的积极性。因此，实现作业形式的多样化，才能开阔学生的视野，增强学生的各种能力。英语作业设计要有学科特色,要以语言实践活动为载体,通过丰富多样的作业设计,聚焦学生语言的感知、分析、概括、比较、评价等能力。

(四)主题化原则

单元整体教学课后作业不同于传统的作业布置,其是要围绕单元主题,创设系列化、主题化,具有综合性、开放性和趣味性的学科主题任务作业,用任务群驱动践行“双减”;设计一系列任务型活动使学生以运用语言的方式掌握单元知识,培养综合运用语言的能力,体会语言的文化内涵,从而落实英语核心素养。

二、单元整体教学课后作业目标

单元整体教学课后作业目标的设计要依据课程标准和单元教学目标。这是因为课程标准是引领学科课程的纲领性文件,代表的是一门课程的方向和整体要求;而单元教学目标是作业设计的基础,二者是相互促进和相互补充的关系。此外,单元整体教学课后作业还要依据学生的学情、班级差异、对学生课堂学习的掌握情况等进行调整,突出课后作业目标的动态性、生成性、针对性和过程性。

(一)作业目标的设计和表述

基于课程标准的作业设计要求教师制定科学、合理的作业目标,作业目标与学习目标是相通的。教师首先需要学会科学、规范地叙写学习目标,在认真研读学科课程标准的基础上,学会细化、解读课标,把课标细化到每个单元、每节课、每个课时的学习目标,叙写具体、可观察、可测量的学习目标，准确把握学科的内容标准和表现标准；然后依据学生的学习结果来确定作业目标、评价、形式、方法等（李学书等，2016）。与学习目标的要素一样，作业目标的要素也包括行为主体、行为条件、行为动词和行为程度。其中，作业目标的行为主体是学生，行为条件是学生进行某种行为、达到某种程度所应具备的条件，行为动词是学生的学习认知行为，行为程度即学生进行某种认知所应达到的程度。作业目标同样需要可达成、可操作，具有诊断性和可检测性。通过作业的完成程度，了解学生的学习状况，从而对教师的教学起到反馈作用。对不同的作业类型，作业目标的要求也应有所不同。对于听、说、读、背类型的作业，目标应侧重语言积累、语感形成、习惯养成等；对于语法操练类型的作业，目标应侧重对知识点的理解、巩固、操练、运用等；对于阅读理解类的作业，目标应侧重词汇的积累、信息的获取、阅读技能的提升、文化意识的建构等。

（二）作业目标的一致性原则

作业目标应该与单元教学目标和单元学习目标一致。教学目标是作业设计的出发点和归宿，也是作业设计的核心和灵魂，它决定着作业的题型以及习题的取舍、设计、编排和方向。单元教学目标要以发展英语学科核心素养为宗旨，围绕主题语境整体设计学习活动。作业目标应该与单元教学目标一致，紧扣单元教材内容，形成多维度的单元作业目标体系，这样才能通过作业的质量反馈教学目标的达成度。作业来源于学生的学习需求，应该根据不同学生的学习差异设计不同的作业，从而做到作业目标与教学目标、学习目标相统一。

作业目标应该与作业预期效果一致。教师设计作业，应充分考虑学生的学习水平，要与预期达到的效果一致。教师需要基于学生的“最近发展区”设计适合学生水平的单元英语作业。过于简单的作业，学生不经过思考就能做出来，这样的作业就是简单、机械的重复，学生容易产生枯燥、乏味感；过于困难的作业，学生百思不得其解，会挫伤学生学习的积极性，降低学生对作业的兴趣与热情。这两种情况都不利于教师真正了解学生对英语的掌握程度。因此，作业目标应该与作业预期效果一致，教师要达到教学目标，就需要精心设计围绕课堂学习内容的，具有拓展性、探索性和开放性的作业，要让学生的知识在作业中升华，技能在作业中掌握，能力在作业中形成，思维在作业中发展。学生通过做“有效”的作业，才能形成“有效”的反馈。

三、单元整体教学课后作业内容

单元整体教学课后作业内容要与单元教学内容、单元教学重难点一致。当学生感到作业与学习内容联系紧密时，就愿意投入更多的时间和精力去完成。教师要让单元整体教学课后作业成为学生突破重难点、掌握单元知识的重要阶梯。因此，教师要注意选择最能反映学生基础知识和基本技能掌握情况的内容来设计作业，同时还要让作业体现学生对学习中的重点和难点问题的解决能力，并且针对学生在学习中提出的困惑和疑点有再次“诊断”和“消化”的功能。要立足单元整体教学，体现学生对单元知识的理解、巩固和运用，突出作业本身具有的检查、巩固、拓展功能，在让学生完成作业的同时，不断促进学生思维、智力、兴趣等多方面的发展。

四、单元整体教学课后作业类型

《义务教育英语课程标准(2022年版)》指出:教师应根据不同学段学生的认知特点和学习需求,基于单元教学目标,兼顾个体差异,整体设计单元作业和课时作业,把握好作业的内容、难度和数量,使学生形成积极的情感体验,提升自我效能感。教师应创设真实的学习情境,建立课堂所学和学生生活的关联,设计复习巩固类、拓展延伸类和综合实践类等多种类型的作业,如朗读、角色扮演、复述、书面表达、故事创编、调研采访、海报制作、戏剧表演、课外阅读等,引导学生在完成作业的过程中,提升语言和思维能力,发挥学习潜能,促进自主学习。因此,单元整体教学课后作业设计除了常规型作业之外,应多思考基于单元整体的分层分类型作业、实践创新型作业、拓展提高型作业、合作探究型作业及学科融合型作业等。

(一)分层分类型作业

所谓“分层分类型作业”,就是以课程标准为依据,根据教材内容和学生的认识能力、个性差异,确定不同层次的作业需求,设计不同层次的作业,因材施教,使不同层次的学生在原有的基础上都得到不同程度的提高和发展,让不同层次的学生学有所得,从而调动学生的积极性。除了作业内容分层次之外,还需要在作业量、作业难度、作业要求以及作业完成时间上进行分层。这样的作业才能有助于帮助学生激发学习动机,优化评价方式,形成良好习惯。

(二)实践创新型作业

根据《课标》,英语课程要创设一系列具有关联性、综合性、实践性等特点的英语学习活动,以促进学生英语学科核心素养的形成和提升。设计实践创新型作业时，既要针对学生的发展需要，从学生的生活实际出发，激发学生学习的动力，又要综合考虑整个单元教学内容与实践创新的关联性，让实践创新型作业能真正反馈教学实情，真正起到让学生运用所学知识、巩固所学知识的作用。实践创新型作业的布置，顾名思义，要遵循“实践性”和“创新型”原则。

（三）拓展提高型作业

拓展提高型作业是以单元学习内容为基础而设计的实践性、开放性作业，是单元教学内容的延伸和拓展。这种作业脱离了形式单一的模仿、记忆，或者简单枯燥的机械重复，通过与单元内容建立联系的拓展，能有效拓宽学生的思维，更好地激发学生乐于学习、主动学习的热情。拓展提高型作业要注重作业设计的趣味性、启发性、开放性和挑战性。设计拓展提高型作业除了要对单元内容本身进行拓展之外，还可以结合单元教学内容，向学生的家庭生活、社会经历、自然资源等方面拓展。同时，拓展提高型作业还需要给学生提供多元的展示方式。

（四）合作探究型作业

学生对主题意义的探究可以使学生学习到语言最核心的内容。通过对主题语境的理解和对主题意义的探究，学生把语篇中所呈现的语言知识和文化知识整合起来进行学习，在分析问题和解决问题的过程中发展语言能力、文化意识、思维品质和学习能力。教师要基于对单元主题语境的探究，通过创设与单元主题意义密切相关的语境，鼓励学生以解决问题为目的，通过合作对单元语篇结构、语言特点等进行深层理解，推动学生对单元主题的深度学习。同时，学生在完成合作探究型作业的过程中，通过不同观点的碰撞和交流，共享思维和智慧，有利于培养自身的辩证思维和发散思维，增强自主学习、共同学习的能力和沟通交流能力。

(五)学科融合型作业

现代教育的各个学科不是相互割裂、孤立存在的，学科融合型作业要求学生从不同学科中汲取灵感。学科融合型作业设计与实施旨在打破学科壁垒，改变当下英语作业设计单一化、随意化、碎片化的现状，立足学生发展需求和核心素养的培养需求，扩展跨学科课程领域，通过整合融通改变学科与学科之间、学习与生活之间、学校与社会之间分离的状态，为学生提供更加适切的学习内容、方式和环境，鼓励学生运用多种学科知识和能力解决实际问题，从而促进学生健康、快乐、自主、和谐地发展。英语作为一门语言课程，也是一门学科融合性极强的学科，设计学科融合型作业能促使学生保持其对英语的持久兴趣和爱好，有效建立其他学科与英语学科之间的横向联系，也有助于学生英语水平的提高。

五、单元整体教学课后作业评价

多元作业设计应该匹配多元的单元作业评价。有效的评价具有诊断、促学、促教、调整、验收等多重功能，有利于学生在知识、能力等多方面得到全面、平衡和可持续发展。作业的功能和目标不仅仅指向知识与技能，更重要的是定位于帮助学生培养和提升高阶思维、问题解决等综合能力，发挥育人功能。因此，建立科学的、基于学科核心素养的、有助于实现作业育人功能的评价机制就显得尤为重要。

单元整体教学课后作业评价应该侧重于单元学习和作业，侧重于对学生掌握存在困难的内容以及单元相关内容的综合应用等方面的集中诊断。单元整体教学课后作业评价应聚焦并促进学生的学科核心素养的形成及发展，要确立多维度、多过程、多层次的多元评价体系。用基于单元整体的学习活动、特色作业、风采展示等形式，把原来的作业任务变成如今的成果展示，将自我评价、同伴评价、家长评价、教师评价结合起来，让评价更全面、更高效。总的来说，建立基于学科核心素养的、科学的评价机制，有助于实现精准作业、精准教学，真正让核心素养落地见效。

第五章

初中案例实践

第一节 初中单元整体教学案例一——人教版(2018)《英语》九年级Unit 2

一、单元语篇主题分析(表5-1)

表5-1 Unit 2语篇主题分析

Unit 2 I think that mooncakes are delicious!

语篇	语篇类型(技能)	语篇内容	语篇主题
Talk about the Dragon Boat Race	对话(听力)	Mary和Bill谈论划龙舟比赛的场景和对明年比赛的期待	了解端午节的传统文化和传统美食
A Visit to Hong kong	对话(听力)	通过Wu Ming向Harry介绍自己的假期,了解香港端午节的划龙舟比赛盛况	了解不同地区端午节的庆祝活动,增强文化自信
A Future Trip to Chiang Mai	对话文本(阅读)	介绍了清迈的泼水节的时间、风俗以及意义	乐于接触并对比了解异国文化和传统习俗,同时理解节日的深层含义:美好祝愿
Mid-Autumn Festival	中秋节的来历(阅读)	介绍中秋节的来历以及嫦娥奔月的故事	了解中秋节的来历,分析隐藏在中秋节背后的意义,用英文介绍嫦娥奔月及相关神话故事并表达对传统节日的观点,学会沟通和相互理解,提高跨文化交际意识

续表

语篇	语篇类型（技能）	语篇内容	语篇主题
A Letter about Mother's Day and Father's Day	书信（以读促写）	介绍了美国孩子在父亲节、母亲节如何表达对父母的爱	通过了解美国孩子在父亲节、母亲节如何表达对父母的爱，学会用宾语从句介绍中国孩子如何庆祝父亲节和母亲节：正确表达自己的态度或做出回应
A Popular Festival in North America—Halloween	对话（听力）	介绍了万圣节的风俗习惯	介绍西方国家的节日文化，侧重节日的文化内源，分析隐藏在万圣节背后的意义，更深层次地理解西方文化
A Famous Novel—*A Christmas Carol*	名著简介（阅读）	介绍小说*A Christmas Carol*，讲述吝啬鬼Scrooge的转变，体现圣诞节的真正含义	通过讲述吝啬鬼Scrooge的转变，探讨圣诞节的含义，目的在于向学生传达以下信息：关爱、同情及怜悯之心是人类社会的宝贵财富，人人应当将之继承和弘扬：以爱心回报社会

二、单元大观念与学习小单元划分（图5-1）

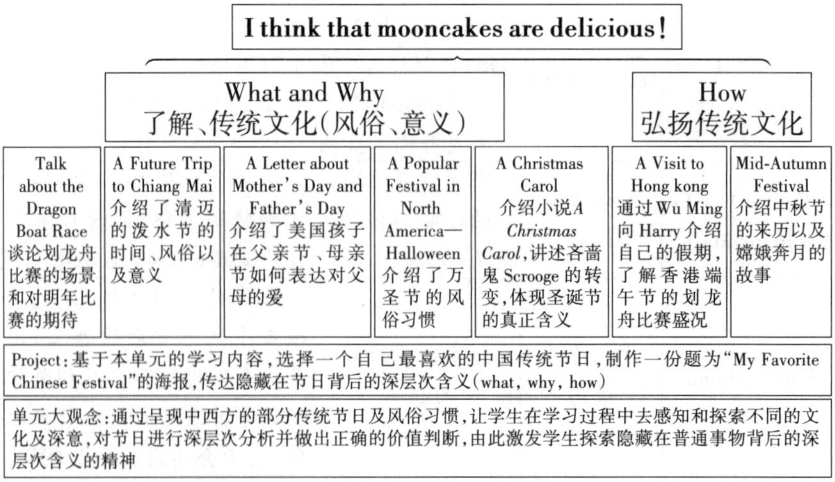

图5-1 Unit 2单元大观念与学习小单元划分

三、单元目标设定与课时划分(表5-2)

表5-2　Unit 2单元目标设定与课时划分

课时安排	单元目标	语篇
第1课时	1.了解不同地区的节日,重点了解端午节的传统文化和传统美食 2.接触并对比了解异国文化和传统习俗的同时理解节日的深层含义 3.通过谈论不同的节日掌握相关节日词语(包括节日名称、与节日文化相关的专属用词),以及各种描述性词语(形容词及其习惯表达)	Talk about the Dragon Boat Race& A Visit to Hong kong& A Future Trip to Chiang Mai
第2课时	1.了解万圣节的风俗习惯 2.分析隐藏在万圣节背后的意义,更深层次地理解西方文化	A Popular Festival in North America—Halloween
第3课时	1.能正确使用由that, if/whether引导的宾语从句以及由how或what引导的感叹句表达自己对节日的态度和看法 2.正确表达自己的态度或做出回应	A Letter about Mother's Day and Father's Day
第4课时	1.了解关于中秋节的来历 2.通过嫦娥奔月的故事分析隐藏在中秋节背后的意义 3.用英文介绍我国传统节日,学会沟通,提高跨文化交际意识	Mid-Autumn Festival
第5课时	1.通过阅读文章了解作者的观点,并分析作者是如何支撑自己的观点的 2.通过梳理文本,分析人物行为,形成人物评价,总结人物变化的原因,从而探究文章的主题意义,实现深度学习 3.通过理解文字背后的意义,重点掌握"推断(inferring)"这一阅读技能,并运用这一阅读技能推断出文章中字里行间的深意 4.发现并分享普通事物背后所蕴藏的更深意义(爱),学会珍惜	A Famous Novel—*A Christmas Carol*
第6—7课时	1.正确使用有关话题词语,介绍自己最喜欢的中国节日 2.准确传达隐藏在节日背后的深层次含义 3.在国际交流中能用英语向世界介绍我国节日由来和习俗,进一步增强文化自信	制作题为"My Favorite Chinese Festival"的海报

四、课型教学活动设计(图5-2)

听说课1活动设计

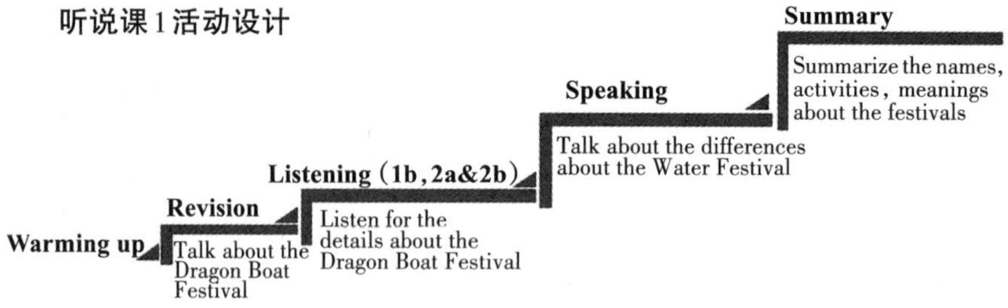

听说课2活动设计

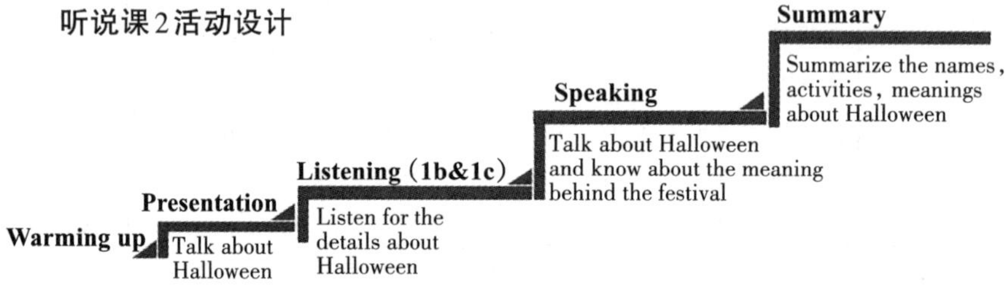

语法课活动设计

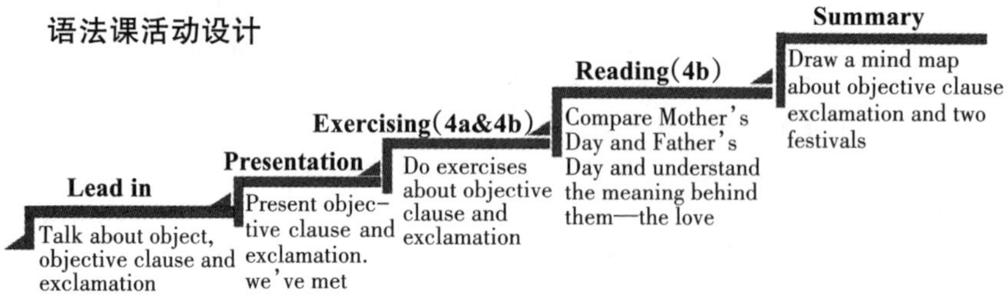

阅读课1活动设计

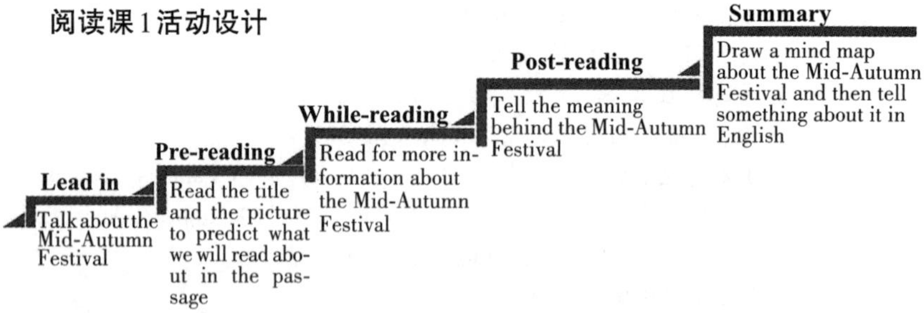

阅读课2活动设计

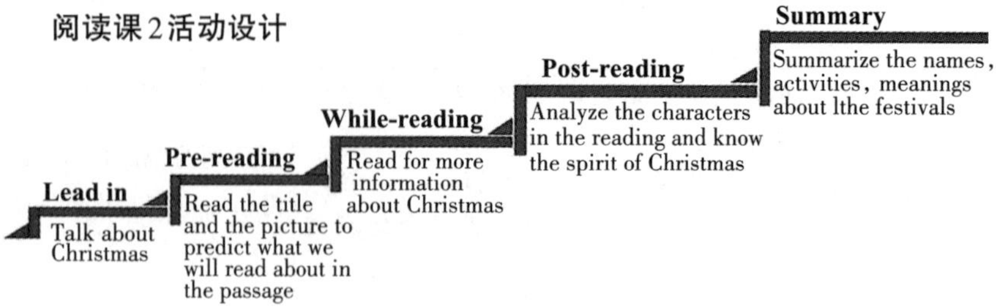

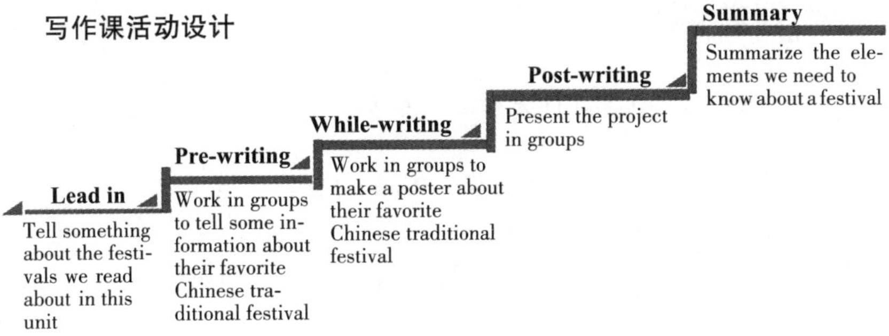

图5-2 Unit 2课型教学活动设计

五、单元作业设计(图5-3,表5-3)

基于本单元的学习内容,选择一个自己最喜欢的中国传统节日,制作一份题为"My Favorite Chinese Festival"的海报,传达隐藏在节日背后的深层次含义(what, why, how)。

图5-3 Unit 2单元作业设计

表5-3 Unit 2单元作业设计分析

作业设计意图	作业类型	评价方式	完成方式	完成时间
1.能正确使用有关话题词语,介绍自己最喜欢的中国节日 2.能准确传达隐藏在节日背后的深层次含义 3.能用英语向世界介绍我国节日由来和习俗,进一步增强文化自信	迁移创新 书面作业 必做作业	组间互评	小组合作	30分钟

六、课堂实施

1.学习单元一:Period 1(表5-4、表5-5)

表5-4 学习单元一Period 1课堂实施

课题	Unit 2 Section A (1a-2d)	课型	听说课
教学内容分析	1.本单元主要介绍国内外部分传统节日和风俗习惯,进而传达隐藏在传统节日后的深层次含义 2.本课先用四个亚洲传统节日引入,然后在听力中重点介绍了朋友的假期见闻,介绍了端午节划龙舟比赛的时间、天气、场景、盛况以及对来年再次观看比赛的期待,再通过假期期待的旅游行程介绍清迈泼水节的时间、风俗以及意义,并与中国傣族泼水节做了简要对比,使学生理解节日的深层含义——表达美好祝愿,并对此表达自己的态度和看法		
课程标准要求	1.能就日常生活中的各种话题与他人交换信息并陈述自己的意见,进一步增强对文化差异的理解和认识 2.能就简单的话题提供信息,表达简单的观点和意见,参与讨论 3.对祖国文化能有更深刻的了解,乐于接触并了解异国文化 4.了解英语国家中重要的节假日及主要庆祝方式		
学习目标	1.了解不同地区的节日,重点了解端午节的传统文化和传统美食 2.接触并通过对比了解异国文化和传统习俗的同时,理解节日的深层含义 3.通过谈论不同的节日,掌握相关节日词语(包括节日名词,与节日文化相关的专属用词),以及各种描述性词语(形容词及其习惯表达)		
教学重难点	1.能正确使用由that, if/whether引导的宾语从句以及由how或what引导的感叹句表达自己对节日态度和看法 2.通过对比,了解异国文化和传统习俗,理解节日的深层含义 3.通过谈论不同的节日,掌握相关节日词语(包括节日名词,与节日文化相关的专属用词),以及各种描述性词语(形容词及其习惯表达)		

续表

课题	Unit 2 Section A (1a–2d)	课型	听说课
评价设计	1. 学生两两结对，相互就自己推测错误的内容，利用课本1c提供的事例展开小对话 2. 学生结对分角色进行朗读或表演对话，或以此为蓝本创编个性对话，交流自己的假期活动 3. 学生重新分组，重构学生之间的信息差，并进行全班性的示范汇报 4. 师生、生生间就听力对话进行问答交流，复述或用讲故事的方式来叙述Lisa假期的香港之行及感受		

表5-5 学习单元—Period 1教学流程

环节任务	教师活动	学生活动	设计意图及评价要点
Warming up	1.Show the pictures about the festivals and ask what festivals they are, and why the students think so 2. Try to ask students to match the pictures with the descriptions and ask them to use more expressions to describe these festivals	1. Look at the pictures and say what festivals they are, and why the students think so 2. Match the pictures with the descriptions and use more expressions to describe these festivals	1. Know about different festivals 2. Grasp words, phrases and descriptive expressions related to the festivals by talking about festivals
Revision	1. Show more pictures about the Dragon Boat Festival to remind students what they have learned about it 2.Lead students to make a mind map and talk about the Dragon Boat Festival including date, food, activities, stories...	1. Think and talk about what students have learned about the Dragon Boat Festival 2. Make a mind map and talk about the Dragon Boat Festival including date, food, activities, stories...	Focus on the traditional activities and food about the Dragon Boat Festival, and activate the prior knowledge

续表

环节任务	教师活动	学生活动	设计意图 及评价要点
Listening	1. Ask students to get some information about the listening materials 2. Play the tape and ask students to do the exercises about the Dragon Boat Festival 3. Play the tape sentence by sentence to help students imitate the listening 4. Ask students to work in pairs or retell to make a conversation to talk about the Dragon Boat Festival including date, food, activities, stories...	1. Read the listening exercises to get the main idea of the listening materials 2. Listen and do the exercises about the Dragon Boat Festival 3. Listen and repeat 4. Work in pairs to talk about the Dragon Boat Festival	1. Know more about Chinese culture 2. Introduce the Dragon Boat Festival and feelings by making dialogues and retelling 3. Combine listening and speaking, and make a summary about the Dragon Boat Festival by using the information we get from the listening and prior knowledge
Speaking	1. Ask questions about "when, where, activities and why" according to the conversation 2. Ask students to role-play the dialogue 2d 3. Summarize the differences about the Water Festival in China and Thailand, and lead students to understand the meaning behind the festivals	1. Read the conversation in 2d and answer the questions about "when, where, activities and why" 2. Role-play the dialogue 2d 3. Summarize the differences about the Water Festival in China and Thailand, and understand why we have this kind of festival	1. Discuss and express their attitudes and opinions about topics of universal importance at home and abroad 2. Read aloud or role-play in pairs 3. Use the knowledge we learned to create new expressions

续表

环节任务	教师活动	学生活动	设计意图 及评价要点
Summary	1.Summarize the names, activities, meanings about the festivals 2. Summarize how to express opinions about these festivals	1. Try to memorize the names, activities, meanings about the festivals 2. Learn to use the expressions to express opinions about these festivals	Make a summary and draw a conclusion

板书设计

作业设计

1. 使用 that、if/whether 引导的宾语从句和端午节、泼水节已知信息，详细和全面地口头介绍其中一个节日，并表达自己的态度和看法
2. 完成本课时相关练习
3. 网上查阅万圣节相关信息

教学反思

2. 学习单元一：Period 2（表5-6、表5-7）

表5-6　学习单元一 Period 2课堂实施

课题	Unit 2 Section B （1a-1d）	课型	听说课
教学内容分析	1. 本单元主要介绍国内外部分传统节日文化和风俗习惯，进而传达隐藏在传统节日后的深层次含义 2. 本课主要通过听力对话介绍西方的万圣节文化，侧重节日的文化内涵，让学生更深层次地理解西方文化		
课程标准要求	1. 能就简单的话题提供信息，表达简单的观点和意见，参与讨论 2. 乐于接触并了解异国文化 3. 了解英语国家中重要的节假日及主要庆祝方式		
学习目标	1. 了解万圣节的风俗习惯 2. 分析隐藏在万圣节背后的意义，更深层次地理解西方文化		
教学重难点	1. 能正确使用由 that, if/whether 引导的宾语从句以及由 how 或 what 引导的感叹句表达自己的态度和看法 2. 在了解西方节日文化和传统习俗的同时，了解节日的深层含义 3. 正确认识生活中的不平坦，记住生活的美好；树立积极乐观的生活态度		
评价设计	1. 师生、生生间就听力对话进行问答交流 2. 学生结对分角色进行朗读或表演对话，或以此为蓝本创编个性对话，交流对万圣节活动的看法 3. 学生重新分组，重构学生之间的信息差，熟练运用思维导图讲述万圣节，并进行全班性的示范汇报		

表5-7　学习单元一 Period 2教学流程

环节任务	教师活动	学生活动	设计意图及评价要点
Warming up	Show the pictures and video about Halloween and ask what they know about it	Look at the pictures and video about Halloween and ask what they know about it	Activate the prior knowledge and arouse students' interest in learning

续表

环节任务	教师活动	学生活动	设计意图及评价要点
Presentation	1. Show more pictures about Halloween to present more expressions about Halloween 2. Present a passage about Halloween to know more information 3. Ask students to use words and phrases in 1a to talk about Halloween and what this festival is about	1.Learn expressions about Halloween according to the pictures 2. Read the passage about Halloween to know more 3. Use at least 3 words or phrases to talk about Halloween and what this festival is about	Grasp words, phrases and descriptive expressions related to Halloween by talking about the festival
Listening	1. Ask students to get some information about the listening materials 2. Play the tape and ask students to do the exercises in 1b and 1c 3. Play the tape sentence by sentence to help students imitate the listening	1. Read the listening exercises to get the main idea of the listening materials 2.Listen and do the exercises about Halloween 3.Listen and repeat	1.Listen to and understand the teacher's statements about familiar topics, and take part in discussions 2. Exchange information with others and express opinions about various topics in daily life 3. Make notes about the conversation

续表

环节任务	教师活动	学生活动	设计意图及评价要点
Speaking	1.Ask students to work in pairs or retell to make a conversation to talk about Halloween including date, activities, stories... 2.Summarize the information about Halloween and lead students to understand the meaning behind the festival	1.Retell or make a conversation about Halloween 2.Summarize the information about Halloween, and understand why we have this kind of festival	1. Introduce Halloween and feelings by making dialogues and retelling 2. Combine listening and speaking, and make a summary about Halloween by using the information in the listening 3.Use the knowledge we learned to create new expressions
Summary	1.Summarize the names, activities, meanings about Halloween 2.Summarize how to express opinions about Halloween	1. Try to memorize the names, activities, meanings about Halloween 2. Learn to use the expressions to express opinions about Halloween	Make a summary and draw a conclusion
板书设计			
Halloween Where in North America When October 31 What dress up as...; decorate the houses Play trick or treat How scary, fun Why honor the saints, remember the dead			

续表

环节任务	教师活动	学生活动	设计意图及评价要点
作业设计			
1. 完成本课时相关练习 2. 网上查阅与万圣节相似的中国中元节相关信息,并用思维导图形式进行介绍			
教学反思			

3. 学习单元一:Period 3(表5-8、表5-9)

表5-8 学习单元一Period 3课堂实施

课题	Unit2 Grammar Focus-4c	课型	语法课
教学内容分析	1. 本单元主要介绍国内外部分传统节日文化和风俗习惯,进而传达隐藏在传统节日后的深层次含义 2. 本课主要通过谈论节日来正确使用由that、if/whether引导的宾语从句以及由how或what引导的感叹句表达自己对节日的态度和看法。如: I think that it is... I wonder if/whether... What fun the Water Festival is! 同时还介绍了美国孩子在父亲节和母亲节如何表达对父母的爱		
课程标准要求	1. 了解常用语言形式的基本结构和常用表意功能 2. 理解并掌握比较人、物体及事物的表达方式 3. 熟悉有关日常生活,兴趣爱好,风俗习惯,科学文化等方面的话题 4. 对所学内容能主动复习并加以整理和归纳 5. 注意发现语言的规律并能运用规律举一反三		

续表

课题	Unit2 Grammar Focus-4c	课型	语法课
学习目标	1. 能正确使用由that, if/whether引导的宾语从句以及how或what引导的感叹句表达自己对节日的态度和看法 2. 能正确表达自己的态度并做出回应		
教学重难点	使用由that, if/whether引导的宾语从句以及how或what引导的感叹句表达自己对节日的态度和看法		
评价设计	1. 学生复习和总结本单元所学重点语法项目：宾语从句和感叹句的运用 2. 熟练运用思维导图的方式讲述母亲节和父亲节，并做出对比，进行全班性的示范汇报		

表5-9 学习单元一Period 3教学流程

环节任务	教师活动	学生活动	设计意图及评价要点
Lead-in	1.Show examples about object, objective clause and exclamation 2. Ask students to find out the rules	1. Get to know object, objective clause and exclamation in examples 2.Read the Grammar Focus aloud and try to find out the rules	Activate the prior knowledge and know about what level do students get to
Presentation	1. Present objective clause and exclamation with the help of pictures and Chinese sentences 2.Help students to find out the rules of objectives clause and exclamation	1.Try to feel the structure of objective clause and exclamation with the help of pictures and Chinese sentences 2. Sum up the rules of objectives clause and exclamation	Understand common forms and structures and their functions

续表

环节任务	教师活动	学生活动	设计意图及评价要点
Exercising	1.Ask students to complete the sentences about objective clause and exclamation 2.Make students finish 4a and check the answers 3.Multiple choices	1. Complete the sentences about objective clause and exclamation 2.4a. Write sentences using the words given 3.Choose the right answers and explain the reason	Learn and distinguish between the functions of different forms and structures during real language use
Reading	1.Ask students to read the passage in 4b about Mother's Day and Father's Day 2.Lead students to find out the sentences about objective clause and exclamation 3. Make students compare Mother's Day and Father's Day, and lead students to understand the meaning behind them—love 4. Ask students to talk about what they will do for their fathers and mothers	1.Read the passage in 4b about Mother's Day and Father's Day 2. Find out the sentences about objective clause and exclamation 3.Compare Mother's Day and Father's Day and understand the meaning behind them 4.Talk about what they will do for their fathers and mothers	1.Understand and master how to describe Father's Day and Mother's Day with objective clause 2.Understand and master how to compare Father's Day and Mother's Day, and feel the love behind these two festivals
Summary	1.Summarize the rules about objective clause and exclamation 2.Summarize the information (date, activities, meaning) about Mother's Day and Father's Day	1.Try to memorize and learn to use the rules about objective clause and exclamation 2. Learn to use the expressions about Mother's Day and Father's Day	Make a summary and draw a conclusion

续表

环节任务	教师活动	学生活动	设计意图及评价要点
板书设计			
objective clause(引导词+语序) The dog thinks that it is a crocodile The pig wonders whether/if it is going to be cooked exclamation What + 名词短语 + 主 + 谓! How + 形/副 + the主 + 谓!			
作业设计			
1. 完成本课时相关练习 2. 用至少5句话(必须包含宾语从句和感叹句)表达对父母的爱			
教学反思			

4. 学习单元二:Period 1(表5-10、表5-11)

表5-10　学习单元二Period 1课堂实施

课题	Unit 2 Section A (3a-3c)	课型	阅读课
教学内容分析	本单元主要介绍国内外不同的节日文化和风俗习惯,进而传达隐藏在节日背后的深层次含义。本课时的阅读篇章介绍了中国传统节日——中秋节背后的故事,从而传达隐藏在中秋节背后的思乡以及和家人团聚之情		
课程标准要求	1. 能找出文章的主题,理解故事的情节,预测故事情节的发展和可能的结局 2. 能根据不同的阅读目的,运用简单的阅读策略获取信息 3. 对祖国文化有更深刻的了解,具有初步的国际理解意识		

续表

课题	Unit 2 Section A (3a–3c)	课型	阅读课
学习目标	1.通过整体阅读,了解中国传统节日——中秋节的来历,分析隐藏在中秋节背后的意义 2.通过寻读、略读以及看图预测等方法发展学生的阅读技能,学生能根据故事情节的发展对相关事件进行排序 3.通过思维导图的绘制,用英文介绍我国传统节日——中秋节,向世界传播中国传统文化,增强文化自信,提高跨文化交际意识		
教学重难点	1.通过阅读,了解中国传统节日——中秋节,分析、理解中秋节背后的意义 2.发展学生的阅读技能,学生能根据故事情节的发展对相关事件进行排序 3.借助思维导图,用英文介绍我国传统节日——中秋节,向世界传播中国传统文化,增强文化自信		
评价设计	1.师生间就阅读内容进行问答交流,检测学生是否了解中国传统节日——中秋节,并知道中秋节背后隐藏的意义 2.完成教材3b,检测学生是否能根据故事情节的发展对相关事件进行排序 3.要求学生绘制"中秋节"的思维导图,并用英文介绍中秋节,向世界传播中国传统文化,增强文化自信		

表5-11　学习单元二Period 1教学流程

环节任务	教师活动	学生活动	设计意图及评价要点
Lead-in	1. Show the picture on the book to students and ask what festival story we will read about in the reading 2. Introduce the topic of the Mid-Autumn Festival and ask students to tell something they know about the festival	1. Look at the picture and tell what festival they think it is 2. Brainstorm to tell more about the festival such as the date (August 15th of the lunar calendar) and the common activities people do on that day (admire the moon, enjoy mooncakes)	1. Lead into the topic by looking at the picture 2. Activate the knowledge they know about the Mid-Autumn Festival through the group competition

续表

环节任务	教师活动	学生活动	设计意图及评价要点
Pre-reading	Show the title to students and ask what the meaning of the title is	Tell something about their thoughts. Predict what we will read about in the passage	1. Tell their thoughts about the title 2. Predict what they will read about in the passage 3. Explore the story about the Mid-Autumn Festival
While-reading	1.Ask students to read the passage quickly and answer the questions How do people celebrate the Mid-Autumn Festival? 2.Ask students to match the characters with the things they did (Time Order) 3.Let students read the passage again and put the events in the correct order	1. Read the passage quickly and answer the questions How do people celebrate the Mid-Autumn Festival? 2.Match the characters with the things they did 3. Read the passage again and put the events in the correct order	1. Know the story behind the Mid-Autumn Festival 2. Develop students' reading strategy by skimming and scanning. Students can make the statements in the right order to make a logical story
Post-reading	1. Ask questions: (1)What do mooncakes look like? They are in the shape of a full moon	1. Answer the three questions to have their new thoughts about the title and know the meaning behind the Chinese traditional festival	

续表

环节任务	教师活动	学生活动	设计意图及评价要点
Post-reading	(2) Why do people eat mooncakes this day? Because mooncakes carry people's wishes to the families they love and miss (3) What do you think of the title now? What's the meaning behind it? 2. Lead students to try to complete the sentences with the correct words without looking at the passage	2. Complete the sentences with the correct words without looking at the passage	Find the meaning behind the Mid-Autumn Festival through the title and the story
Summary	1. Guide students to summarize the elements we need to know about a festival 2. Assign the task of drawing a mind map about the Mid-Autumn Festival to students	1. Summarize the elements we need to know about a festival 2. Draw a mind map about the Mid-Autumn Festival and then tell something about it in English	Make a mind map to introduce the traditional Chinese festival — the Mid-Autumn Festival to the world and develop our national confidence

板书设计

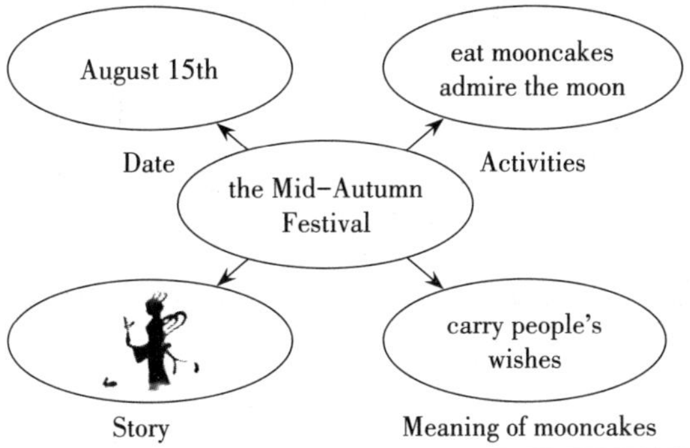

续表

环节任务	教师活动	学生活动	设计意图及评价要点
作业设计			
1. Make a mind map and introduce the traditional Chinese festival — the Mid-Autumn Festival to the world in English 2. Look up more information about the Mid-Autumn Festival on the Internet, collect more expressions about this festival and share them with the group mates			
教学反思			

5.学习单元二:Period 2(表5-12、表5-13)

表5-12 学习单元二Period 2课堂实施

课题	Unit 2 Section B (2a–2e)	课型	阅读课
教学内容分析	本单元主要介绍国内外不同的节日文化和风俗习惯,进而传达隐藏在节日后的深层次含义。本课时的阅读篇章介绍了狄更斯著名短篇小说*A Christmas Carol*,讲述吝啬鬼Scrooge的转变,体现圣诞节的真正含义。阅读本篇文章的目的在于向学生传达以下信息:关爱、同情及怜悯之心是人类社会的宝贵财富,人人应当将之继承和弘扬,以爱心回报社会		
课程标准要求	1.能找出文章的主题,理解故事的情节,预测故事情节的发展和可能的结局 2.能根据不同的阅读目的,运用简单的阅读策略获取信息 3.了解世界上主要的节假日及庆祝方式 4.关注中外文化异同,加深对中国文化的理解		

续表

课题	Unit 2 Section B (2a-2e)	课型	阅读课
学习目标	1.通过阅读文章,了解作者的观点,并分析作者是如何支撑自己的观点的 2.通过梳理文本,分析人物行为,形成人物评价,总结人物变化的原因,从而探究文章的主题意义,实现深度学习 3.通过理解文字背后的意义,重点掌握"推断(inferring)"这一阅读技能,并运用这一阅读技能推断出文章中字里行间的深意 4.发现并分享普通事物背后所蕴藏的更深意义(爱),学会珍惜		
教学重难点	1.能通过观察节日相关的图片,得到有效信息 2.能通过阅读节日相关的语篇,了解节日相关信息,培养推断(inferring)阅读技能,并运用这一阅读技能推断出文章中字里行间的深意 3.通过对"What/Why/How"的深入探讨,提升学生"透过普通事物,看到背后重要意义"的能力,使其对节日进行深层次分析并做出正确的价值判断 4.能绘制表格或思维导图并描述节日相关内容		
评价设计	1.师生间就阅读内容进行问答交流,检测学生是否了解西方重要节日——圣诞节及其背后的故事 2.完成教材2c表格填空,检测学生是否了解故事的一些细节 3.回答教材2d的问题,检测学生是否掌握"推断(inferring)"阅读技能 4.绘制表格或思维导图并描述圣诞节相关内容		

表5-13 学习单元二Period 2教学流程

环节任务	教师活动	学生活动	设计意图及评价要点
Lead-in	1. Show the picture on the book to students and ask what festival story we will read about in the reading 2. Introduce the topic of Christmas and ask students to create a mind map to tell something they know about the festival	1. Look at the picture and tell what festival they think it is 2. Brainstorm to tell more about the festival such as the date, the symbols and the activities people do on that day	1. Lead into the topic by looking at the picture 2. Activate the knowledge they know about Christmas through group work

续表

环节任务	教师活动	学生活动	设计意图及评价要点
Pre-reading	Show the title to students and ask what the meaning of the title is	Tell something about their thoughts. Predict what we will read about in the passage	1. Tell their thoughts about the title 2.Predict what they will read about in the passage 3.Explore the story about Christmas
While-reading	1.Ask students to read the passage quickly and answer the questions: (1) What is *A Christmas Carol*? (2) Who are Scrooge and Jacob Marley? (3) What's their relationship? (4) What are Christmas Past, Christmas Present and Christmas Yet? 2.Lead students to read paragraph by paragraph and raise some questions 3. Let students complete the chart in 2c	1.Read the passage quickly and answer the questions: (1) What is *A Christmas Carol*? (2) Who are Scrooge and Jacob Marley? (3) What's their relationship? (4) What are Christmas Past, Christmas Present and Christmas Yet? 2. Read paragraph by paragraph and answer some questions 3.Read the passage again and complete the chart in 2c	1.Know something about Christmas 2. Develop students' reading strategy (inferring). Students can infer the further meaning between the lines

续表

环节任务	教师活动	学生活动	设计意图及评价要点
Post-reading	1.Help students to analyze the characters in the reading and to know the spirit of Christmas 2.Show students an example of a dialogue between the three ghosts and Scrooge. Let students work in groups of four to make a conversation	1.Work together to analyze the characters in the reading and to know the spirit of Christmas 2.Work in groups of four to make a conversation between the three ghosts and Scrooge	1. Analyze the characters and make the evaluation of the characters. Explore the thematic meaning and realize the deep learning 2. Find and share the true meaning behind the common things—love. Learn to cherish what we have
Summary	1.Guide students to summarize the elements we need to know about a festival 2. Assign the task of drawing a mind map about Christmas 3. Let student compare the similarities and differences between the Spring Festival and Christmas by filling a chart	1. Summarize the elements we need to know about a festival 2. Draw a mind map about Christmas and then tell the story of it 3. Compare the similarities and differences between the Spring Festival and Christmas by filling a chart	1.Make a mind map to tell something about Christmas 2.Lead students to pay more attention to the difference between Chinese and foreign culture

板书设计

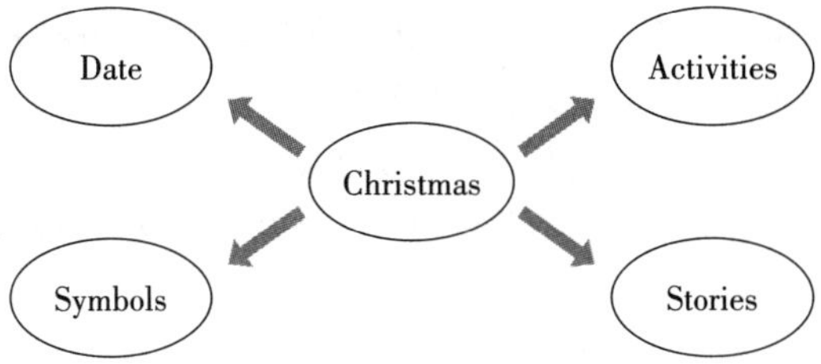

续表

环节任务	教师活动	学生活动	设计意图及评价要点
作业设计			
1. Make a mind map to tell something about Christmas 2. Look up more information about Christmas on the Internet, collect more expression about this festival and share them with the group mates			
教学反思			

6.学习单元二:Period 3(表5-14、表5-15)

表5-14　学习单元二Period 3课堂实施

课题	Unit 2 Section B (3a-Self Check)	课型	写作课
教学内容分析	总结中西方的部分传统节日风俗习惯和探索不同的文化以及隐藏在节日背后的深意,对节日进行深层次分析并做出正确的价值判断。制作题为"My Favorite Chinese Festival"的海报并用英语谈论,向世界传播中国传统文化		
课程标准要求	1. 了解英语国家中重要的节假日及主要庆祝方式 2. 关注中外文化异同,加深对中国文化的理解 3. 能根据写作要求,收集、准备素材;能独立起草短文、短信等,并在教师的指导下进行修改 4. 对祖国文化能有更深刻的了解;乐于接触并了解异国文化;能在小组活动中积极与他人合作,相互帮助,共同完成学习任务;遇到问题时,能主动向老师或同学请教,取得帮助		
学习目标	1. 能从What/Why/How三个维度加深对本单元的学习和理解 2. 能制作题为"My Favorite Chinese Festival"的海报并正确使用有关话题词语,介绍自己最喜欢的中国节日 3. 能准确传达隐藏在节日背后的深层次含义 4. 在国际交流中能用英语向世界介绍我国节日由来和习俗,进一步增强文化自信 5. 正确运用宾语从句和感叹句进行表达		

续表

课题	Unit 2 Section B (3a–Self Check)	课型	写作课
教学重难点	1. 制作题为"My Favorite Chinese Festival"的海报并正确使用有关话题词语,介绍自己最喜欢的中国节日 2. 在国际交流中,能用英语向世界介绍我国节日由来和习俗并能准确传达隐藏在节日背后的深层次含义,增强文化自信		
评价设计	1. 小组合作绘制题为"My Favorite Chinese Festival"的海报 2. 小组协作用英语讲述节日由来和习俗,并能准确传达隐藏在节日背后的深层次含义 3. 组间互评和评比,设置奖项进行表彰		

表5–15　学习单元二Period 3教学流程

环节任务	教师活动	学生活动	设计意图及评价要点
Lead-in	1. Ask students questions: (1) What's the main topic of this unit? (2) What festival we talk about in this unit? (3) How much do you know about them? 2. Lead students to tell some basic information about the festivals we know about by filling in the chart	1. Tell the names of the festivals we read about in this unit 2. Add some information they know by filling the chart (date, symbols, activities and stories)	1. Make a clear understanding of the festivals we talk about in this unit 2. Pay more attention to the difference between Chinese and foreign culture. Have a better understanding of the traditional Chinese culture
Pre-writing	Ask students questions: 1. What Chinese traditional festivals do you know? 2. Which is your favorite Chinese traditional festivals?	1. Talk about the Chinese traditional festivals they know and choose their favorite one 2. Work in groups to tell some information about this festival (date, symbols, activities and stories)	Work together in groups to collect the elements about the festival

续表

环节任务	教师活动	学生活动	设计意图及评价要点
While-writing	1. Assign the task of making the poster of their favorite festival 2. Tell students how to work together 3. Tell students how to evaluate if they make a good one	1.Know the task of making the poster of their favorite festival 2.Know how to work together 3. Know the evaluation criterion 4. Work together to make the poster 5. Assign the task of presentation	1.Make a poster in groups and introduce the favorite traditional Chinese festival to the world 2.Spread the true meaning behind the traditional Chinese festivals. Have a better understanding of these festivals and the culture in our country 3. Cooperate with the group mates to finish the tasks. Work together to help each other or ask teachers for help
Post-writing	1. Leave time for students to prepare for the presentation 2. Show students the evaluation criterion	1. Work together to prepare for the presentation 2. Know the evaluation criterion 3. Present the project in groups. Tell about their favorite Chinese festival	1. Introduce the traditional Chinese festivals to the world. Develop the national confidence 2. Use the target language to express it
Summary	1. Guide students to summarize the elements we need to know about a festival	1. Summarize the elements we need to know about a festival	1.Make a summary about what we need to know about the festivals and how to make a mind map about the festivals

续表

<table>
<tr><th>环节任务</th><th>教师活动</th><th>学生活动</th><th>设计意图及评价要点</th></tr>
<tr><td>Summary</td><td>2.Lead students to evaluate the group presentation
3.Tell students both the good and bad sides of their presentation
4. Ask students to retell their introduction about the festival
5. Give a prize to the group which did a good job</td><td>2. Evaluate the group presentation
3.Know both the good and bad sides of their presentation
4.Retell their introduction about the festival</td><td>2. Make an evaluation about the project the other group does
3. Make the poster better according to the evaluation</td></tr>
<tr><td colspan="4">板书设计</td></tr>
<tr><td colspan="4">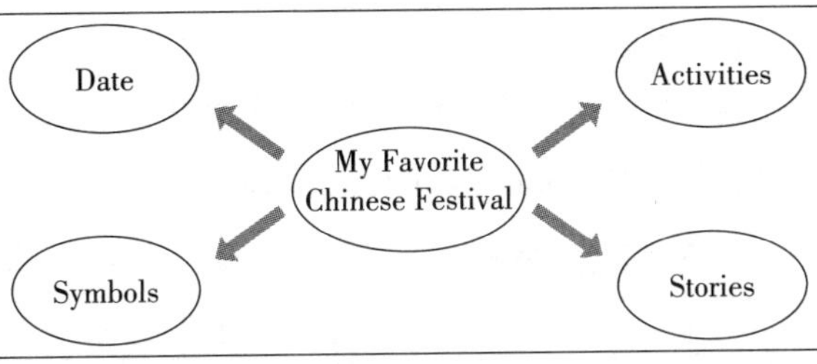
</td></tr>
<tr><td colspan="4">作业设计</td></tr>
<tr><td colspan="4">1.Work together to make the poster better
2.Introduce the traditional Chinese festivals and the true meaning behind it to the world in English to develop the national confidence
3.Prepare for a competition about the poster making and the introduction of it</td></tr>
<tr><td colspan="4">教学反思</td></tr>
<tr><td colspan="4"></td></tr>
</table>

第二节 初中单元整体教学案例二——人教版(2018)《英语》八年级下册 Unit 4

一、单元语篇主题分析(表5-16)

表5-16 Unit 4单元语篇主题分析

Unit 4 Why don't you talk to your parents?

语篇	语篇类型(技能)	语篇内容	语篇主题
Problems Caused by Study Pressure	对话(听力)	两个女孩谈论学习时间挤占睡眠时间的问题,并提出解决建议	青少年因学业压力而产生烦恼,在和朋友的交谈中,接受朋友的意见
A Problem Caused by Conflicts with Your Best Friend	对话(听力)	两个男孩谈论与朋友发生矛盾的问题,并提出解决建议	青少年因同学关系而产生烦恼,在和朋友的交谈中,不接受朋友提出的意见
A Problem Caused by Conflicts with Your Sister	对话(阅读)	Kim和Dave谈论自己与妹妹发生不快的烦恼,Dave提出解决建议	青少年因兄妹关系而产生烦恼,在和朋友的交谈中,接受朋友的意见
Problems Caused by Family Factors and Giving Advice	书信应用文(阅读)	一个13岁的少年给杂志社写信,陈述自己在家庭里遇到的烦恼。学校顾问在回信中,针对少年的烦恼提出了解决的建议	青少年因家庭关系而产生烦恼并向专家求助。专家提出解决建议

续表

语篇	语篇类型(技能)	语篇内容	语篇主题
Problems Caused by Parental Pressure to Study	对话(听力)	Wei Ming主动向Alice诉说父母给自己施加学习压力的烦恼事。Alice提出了解决建议,Wei Ming认同并接受	青少年因父母施加的学习压力而产生烦恼,主动向朋友求助,并认同和接受朋友的意见
Maybe You should Learn to Relax	议论文(阅读)	介绍了一些中国父母和美国父母对孩子们业余活动和课外学习的安排和不同看法	比较中美家长对子女教育的做法,和不同的人对此的看法

二、单元大观念与学习小单元划分(图5-4)

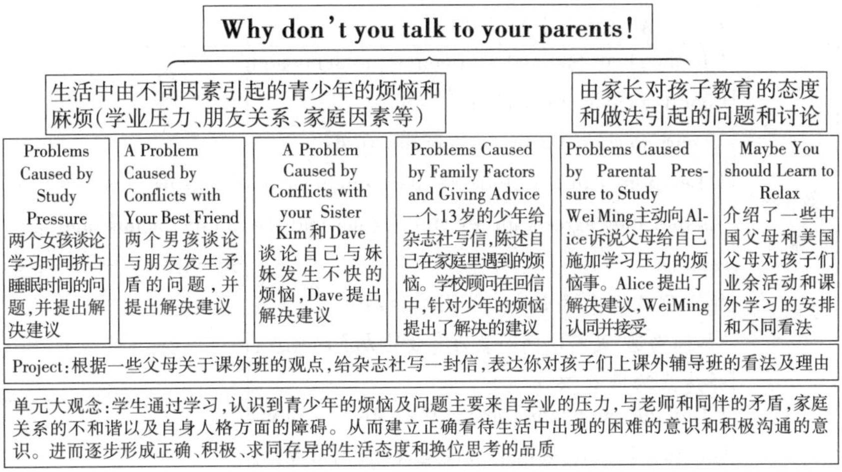

图5-4 Unit 4单元大观念与学习小单元划分

三、单元目标设定与课时划分(表5-17)

表5-17 Unit 4单元目标设定与课时划分

课时安排	单元目标	语篇
第1课时	1. Get the information about girl 2's problems, the advice that boy 1 gives to Peter and the reasons why Peter doesn't like his friend's advice by listening 2. Learn to give advice with "You could, You should" by role-playing	Problems Caused by study pressure A problem caused by conflicts with best friend
第2课时	1. Know about Kim's problem and Dave's advice by reading 2. Learn to use "although, so that, until" in the sentences 3. Learn to give advice for different problems with target languge "could, should, Why don't you..., so that" and then share them with group members 会描述遇到的问题并寻求帮助,学习采用正确的方式解决生活中的问题	A problem caused by conflicts with your sister
第3—4课时	1. Know about Sad and Thirteen's problems and Robert's advice by reading 2. Learn to guess the meaning of the words 3. Learn to express students' own opinions on whether they agree with Mr. Hunt or not and the reasons 能正确认识生活中的一些困难和烦恼,提炼出"加强沟通"是解决问题最为有效的办法的观点,并建立沟通意识	Problems caused by family factors and giving advice
第5课时	1. Get the information about Wei Ming's problem and the advice that Alice gives to Wei Ming by listening 2. Work in pairs to give more advice to Wei Ming and say why 通过开展角色扮演等活动,培养学生关心他人和换位思考的品质	Problems caused by parental pressure to study

续表

课时安排	单元目标	语篇
第6—7课时	1. Know about the common problem for Chinese and American families and different opinions about it by reading 2. Learn to guess the meaning of the words 3. Learn to express your own opinicns about the problem 比较中美家长对子女教育的做法，不同人对待子女教育的看法，逐步形成立正确、积极、求同存异的生活态度	Maybe you should learn to relax
第8课时	Learn to write a letter to express opinions on after-school classes for children	Writing

四、课型教学活动设计(图5-5)

听说课1活动设计

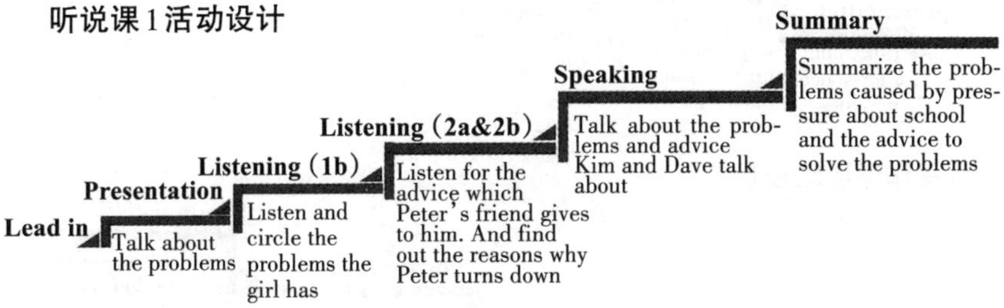

听说课2活动设计

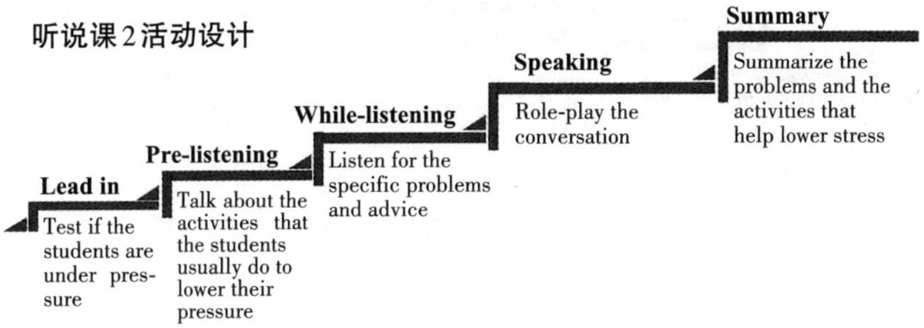

语法课活动设计

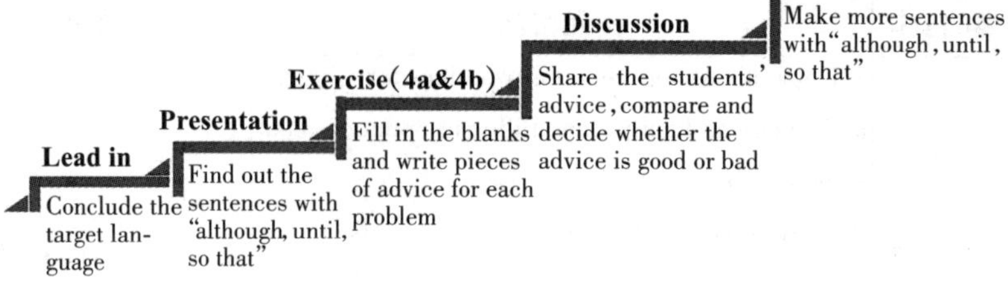

阅读课1活动设计

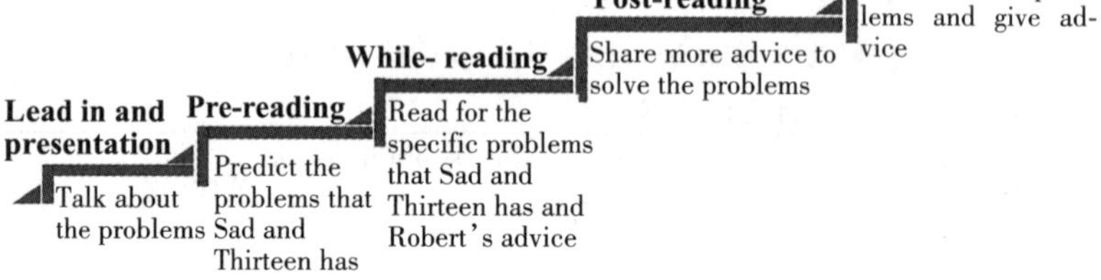

阅读课2活动设计

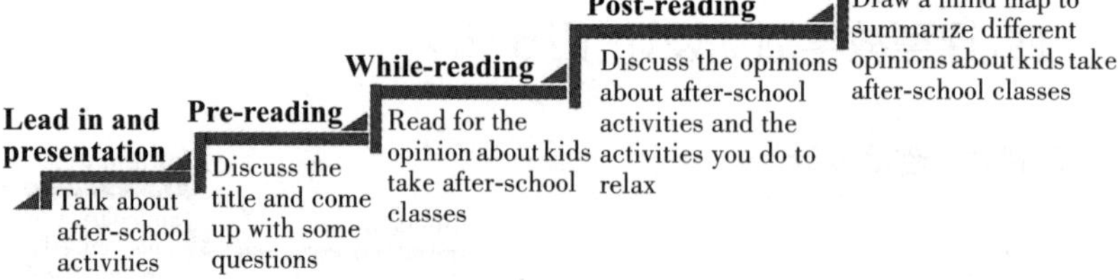

写作课活动设计

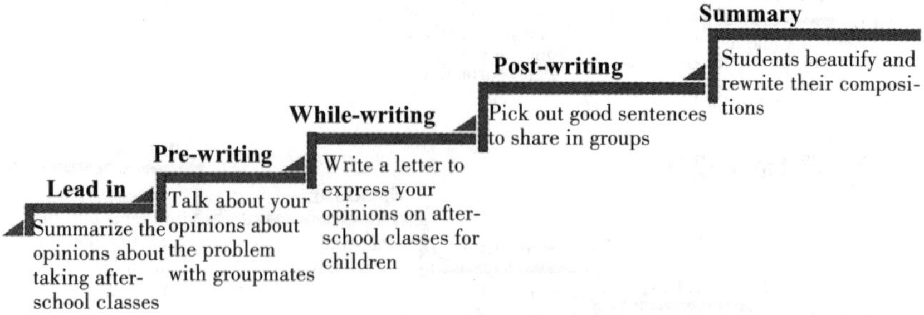

图5-5 Unit 4课型教学活动设计

五、单元作业设计(图5-6,表5-18)

拓展活动:为辩论会收集书面准备资料。

辩论题目:After-school classes can help kids get into a good university.

参与队伍:正方和反方,每队4人。

辩论要求:每人能说出一句反驳对方的句子。反对对方,辩方需再加至少一条理由。

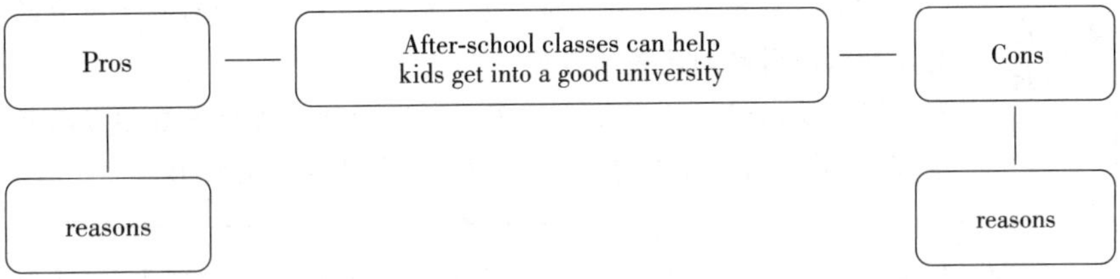

图5-6 Unit 4单元作业设计

表5-18 Unit 4单元作业设计分析

作业设计意图	作业类型	评价方式	完成方式	完成时间
本单元作业设计为个人作业与合作作业 个人作业旨在帮助学生加深对单元目标语言知识和语言技能的认识和理解 综合运用:合作作业为口头作业,旨在帮助学生将单元内的目标语言和语言技能迁移到新语境中,并培养学生自主创新思维和合作意识	书面作业 合作类作业 迁移创新作业	小组互评	独立完成 合作完成	30分钟

六、课堂实施

1.学习单元一:Period 1(表5-19、表5-20)

表5-19 学习单元一Period 1课堂实施

课题	Unit 4 Section A (1a-2c)	课型	听说课
教学内容分析	1.本单元主要介绍生活中由不同因素引起的青少年的烦恼和麻烦(学业压力、朋友关系、家庭因素等),从而引发由家长对孩子教育的态度和做法引起的问题的讨论 2.本课主要通过听力对话表达青少年因父母安排的课后学习而产生烦恼,并与同伴相互讨论交流,并尝试解决问题的情形		
课程标准要求	1.能听懂接近自然语速、有关熟悉话题的简单语段,识别主题,获取主要信息 2.能引出话题并进行多个话轮的交谈 3.能在教师的指导下参与角色扮演等活动 4.能在口语活动中使用正确的语音、语调		
学习目标	1.通过对话了解Girl 1的困扰和Girl 2的建议 2.了解Peter的困扰和朋友给出的建议与处理方式 3.能正确认识生活中的一些困难和烦恼,能采用正确的方式解决生活中的问题,能运用You could.../You should...给出建议,形成沟通意识和问题解决意识		
教学重难点	1.学习使用too much..., too many..., have to..., don't allow...to do, get into a fight with...等短语表达烦恼和抱怨 2.学习使用What should I do? Why don't you talk to your parents? You should.../You could...等表示征求意见和提出建议的句型结构 3.学会如何在表达烦恼和给出建议中顺利地进行话轮转换和表达		
评价设计	1.学生能获取、归纳对话中人物所遇到的烦恼和相应的建议等信息 2.学生结对分角色进行朗读或表演,就自己遇到的烦恼进行交流并获取建议		

表5-20　学习单元一Period 1教学流程

环节任务	教师活动	学生活动	设计意图及评价要点
Warming up	Free talk: Show the two pictures to students 1. What are they doing? 2. Can you find any sentences from 1a to describe the pictures?	Answer the teacher's questions: She is doing her homework She is having a piano class	Encourage students to have a free talk about the pictures, and try to express their own problems
Presentation	1. Ask students to read the sentences in 1a and categorize them according to whether they are serious or not 2. What problems do you have now? 3. Do you have any ideas about how to work out the problems?	1. Read 1a and fill in the table 2. Share your own opinions on different problems with partners 3. Share in class	Make students know more problems and give students more chances to express their own problems and reasons
Listening	1. Ask students to listen and find what problems they heard and circle in 1a 2. Play the tape again and ask students to fill in the blanks in the conversation 3. Play the tape sentence by sentence to help students imitate the listening	1. Listen and circle the problems 2. Listen and fill in the blanks 3. Listen and repeat	1. Make students understand the conversation on the topic and the key information 2. Train students' micro-skill to take down the words missing 3. Have students be able to read the conversation with right pronunciation and good intonation

续表

环节任务	教师活动	学生活动	设计意图及评价要点
Speaking	1. Show the pictures again. Ask students to work in pairs and make a conversation with the third person 2. Ask students to pay attention to using the key patterns to express their problems and give advice	1. Make a conversation in pairs 2. Show the conversation in class	1. Make students understand the two pictures better, and use the target patterns in the conversation 2. Combine listening and speaking, and use the information heard and learned 3. Generalize the information in the listening material and express it freely
Summary	1. Summarize how to express the problems students meet with the target languages 2. I have a cold/a really sore back/a sore throat I got a stomachache/toothache I almost couldn't... I can't... It hurts a lot It's difficult for me to talk	1. Say the useful expressions and take them down on the notebook 2. Learn to use the expressions to express opinions about telling problems and giving advice	1. Summary and induction 2. Be able to use sentence patterns to express their own problems

板书设计
Problems: I have a cold/a really sore back/a sore throat I got a stomachache/toothache I almost couldn't... I can't... It hurts a lot It's difficult for me to talk Advice: Why not...? / Why don't you...?

续表

环节任务	教师活动	学生活动	设计意图及评价要点
作业设计			
1.Read the conversations after class 2.Try to list the problems they meet now with the sentence patterns learned			
教学反思			

2.学习单元一:Period 2(表5-21、表5-22)

表5-21 学习单元一Period 2课堂实施

课题	Unit 4 Section A (2d, 4a-4c)	课型	对话课,语法课
教学内容分析	1.本单元主要介绍生活中由不同因素引起的青少年的烦恼和麻烦(学业压力、朋友关系、家庭因素等),从而引发大家讨论家长对孩子教育的态度和做法。2d为创设情境,Kim表达了自己的困惑,Dave给出了建议 2.语法部分主要指向本单元的核心功能句型,请求建议、给出建议、评价建议,以及通过连接词进一步准确表达建议的合理性。同时针对问题的提出,能给出相应的书面建议		
课程标准要求	1.能听懂接近自然语速、有关熟悉话题的简单语段,识别主题,获取主要信息 2.能引出话题并进行多个话轮的交谈 3.能在教师的指导下参与角色扮演等活动 4.能在口语活动中使用正确的语音、语调		
学习目标	1.通过听对话,找出对话中人物遇到的问题和同伴给出的建议 2.能在对话中礼貌回应他人给出的建议,并在交际中自如地转换话轮 3.能将陈述问题、询问建议、给出建议进行句型分类,并能有逻辑地使用连接词对建议的合理性进行阐述 4.能针对同学可能遇到的问题给出恰当的建议		

续表

课题	Unit 4 Section A (2d, 4a–4c)	课型	对话课，语法课
教学重难点	1.如何在问题陈述、寻求建议、给出建议的对话中，实现话轮的自然转换 2.如何在建议中使用恰当的连接词进一步表达合理性 3.如何针对问题给出适切的建议		
评价设计	1.学生能就2d的对话自如地进行表演 2.归纳Grammar Focus中的句型种类 3.完成教材中4a,4b由易到难的建议表达 4.用不同的句型针对同学遇到的问题给出恰当的建议，促成问题的解决		

表5–22　学习单元一Period 2教学流程

环节任务	教师活动	学生活动	设计意图及评价要点
Lead-in	Free talk: 1. If you meet some problems, how do you look? Sad or happy? 2. What kind of problems may you meet? 3. What should he/she do? Can you give some advice?	1. Answer the teachers' questions freely, and share the problems they meet now 2. Try to give some advice	1. Introduce the topic, problems and advice 2. Encourage students to give some advice to solve the problems
Presentation	1. Show the conversation to students and ask "What's wrong with Kim?" 2. Ask students to get the advice given in the conversation by listening and note-taking 3. Have students check the information	1. Look through the conversation and find out the problems Kim has 2. Listen and get the keywords for advice 3. Check with the partner and share in class	Have students do a fast reading and try to understand the conversation by getting specific information

续表

环节任务	教师活动	学生活动	设计意图及评价要点
Practice	1. Ask students to listen and imitate it 2. Lead students to understand some key sentences in the conversation better 3. Have students read the conversation in roles 4. Lead students to fill in the blanks with proper conjunctions	1. Read sentence by sentence 2. Read the key sentences and understand "Although..., it's not a big deal" 3. Read the passage with a good sense of each role 4. Fill in the blanks by understanding the conversations	1. Help students read the conversation fluently 2. Have students understand the conjunction "although" and know how to comfort others 3. Help students role-play better 4. Make students know how to use three conjunctions
Production	1. Have students make a conclusion of how to give advice 2. Lead students to share their advice in class and others evaluate "Does it work?" 3. Offer help while students do the task 4. Invite some students to express their own problems, and invite other students to give advice	1. Write some proper advice on the problems given in 4b 2. Share their advice with classmates 3. Give advice freely 4. Listen carefully and evaluate it	1. Help students use the target sentence patterns to give advice 2. Share advice and evaluate whether the advice is reasonable or not
Summary	1. Guide students to read the sentences in Grammar Focus 2. Let students compare the use of each sentence 3. Lead students to categorize the sentences by their usage	1. Read the sentences in the chart 2. Compare independently and discuss with group members 3. Categorize them	Make students more familiar with the target language and their usage

续表

环节任务	教师活动	学生活动	设计意图及评价要点
板书设计			
作业设计			
1.Raise one of their own problems, and try to ask group members to offer some advice orally 2.Write a short passage of the problems and the reasonable advice from group members			
教学反思			

3.学习单元一:Period 3-4(表5-23、表5-24)

表5-23　学习单元一Period 3-4课堂实施

课题	Unit 4 Section A (3a-3c)	课型	阅读课
教学内容分析	1.本单元主要介绍生活中由不同因素引起的青少年的烦恼和麻烦(学业压力、朋友关系、家庭因素等),从而引发大家讨论家长对孩子教育的态度和做法 2.本课通过要求学生对课后补习的看法进行阐述,帮助学生复习相关的词汇、句式。通过表达并记录的方式,激活学生的思维,使其集结所学到的相关知识,为写作做好准备		
课程标准要求	1.能连贯、流畅地朗读课文 2.能从简单的文章中找出有关信息,理解大意 3.能根据上下文猜测生词的意思		
学习目标	1.了解并掌握书信的基本结构 2.能在对比阅读中进一步理解问题与建议的针对性 3.能在阅读中通过上下文对生词或数词新意进行推测 4.能运用表达原因的句型对建议的合理性提出个人看法		

续表

课题	Unit 4 Section A (3a–3c)	课型	阅读课
教学重难点	1.提出的问题与给出的解决措施如何在阅读时能一一对应，并能在书信中富有逻辑性地表达出来 2.词义的猜测与理解		
评价设计	1.能通过独立阅读获取问题与建议信息，并能与同伴交流 2.学生能用生词填空并造句 3.能针对Robert Hunt的建议表达个人的评价		

表5–24　学习单元一Period 3–4教学流程

环节任务	教师活动	学生活动	设计意图及评价要点
Warming up	Raise a topic: Do you meet any problems in your family? What are they?	Say some problems in their families	Introduce the topic, and make students eager to express their opinions
Pre-reading	1. Present the theme picture: What are they doing? Are they friendly with each other? 2. Let students have a free talk: How do the children in the family feel?	1.Answer the question They are arguing 2.Maybe they feel worried/nervous	1.Lead the topic of the article by a picture 2. Make students say the keywords and have a prediction of the first letter
While-reading	1. Ask students to look at the two letters, and find out who has problems and who gives advice Who has problems? Who offers advice?	1.Read the letters quickly and match them 2. Read and find out the problems and fill in the chart in pairs, then read them out	1. Lead students to focus on the specific information

续表

环节任务	教师活动	学生活动	设计意图及评价要点
While-reading	2.Lead students to read Letter 1 and find out what problems does Sad and Thirteen has 3. Have students share the problems they found in the letter Can you give some advice? 4. Have students read the second letter to find out what advice Mr. Hunt gave 5. Ask students if there are some words or phrases they can't understand and give a sample to help them	3. Try to offer some advice with the target sentence patterns 4. Work individually and fill the advice in the right column, then share them in class 5. Read silently and try to understand the meaning of the new words and phrases. Get help from group members or teachers	2. Encourage students to give advice before reading the second letter 3. Train the skill of understanding new words or phrases by context
Post-reading	1. Give students a chance to do an interview of each letter, and ask students to work in pairs 2. Lead students to work in groups and have a face to face discussion of how to help Sad and Thirteen	1. One reporter, one Sad and Thirteen, do an interview 2. One reporter, one Mr. Hunt, do an interview 3. Work in groups and discuss how to help Sad and Thirteen	1. Get students more familiar with the problems Sad and Thirteen has and the advice from Mr. Hunt 2. Students can be creative and give some other good advice
Discussion	Have students share their own opinions on the advice Mr. Hunt gave What do you think about Mr. Hunt's advice? Do you agree with him?	Students have a discussion in the group and share their opinions I agree with...because... I disagree with... because...	Make students think critically and be brave to share their opinions

续表

环节任务	教师活动	学生活动	设计意图及评价要点

板书设计

Sad and Thirteen's main problem: He can't get on with his family		Mr. Hunt's advice: Talk about these feelings with his family
About his parents	They fight a lot He doesn't know what to do	should offer to help parents could do more jobs around the house
About his elder brother	His elder brother is not nice to him and refuses to let him watch his favorite TV show	could sit down and communicate with his brother should explain that he doesn't mind his brother watching TV all the time, but his brother should let him watch his favorite show
About himself	He feels lonely and nervous	?

作业设计

1. Finish 3c: Find the words out and make new sentences, or find out and translate the sentences with the new words included
2. Write a passage about Sad and Thirteen's problems and reasonable advice from Mr. Hunt or yourselves

教学反思

4.学习单元二:Period 5(表5-25、表5-26)

表5-25　学习单元二Period 5课堂实施

课题	Unit 4 Section B (1a-1e)	课型	听说课
教学内容分析	1.本单元主要介绍生活中由不同因素引起的青少年的烦恼和麻烦(学业压力、朋友关系、家庭因素等),从而引发大家讨论家长对孩子教育的态度和做法 2.本课主要通过听力对话表达青少年因父母施加的学习压力而产生烦恼,主动向朋友求助,并认同和接受朋友的意见		
课程标准要求	1.能听懂接近自然语速、有关熟悉话题的简单语段,识别主题,获取主要信息 2.能引出话题并进行多个话轮的交谈 3.遇到困难时能大胆求助 4.能用简单的语言描述自己或他人的经历,能表达简单观点		
学习目标	1.通过对话了解Wei Ming的困扰和Alice的建议 2.能正确认识生活中的一些困难和烦恼,能采用正确的方式解决生活中的问题,提炼出"加强沟通"是解决问题最为有效的办法,并建立沟通意识		
教学重难点	1.学习使用You should.../You shouldn't.../You won't...until...句型结构来表达建议和学习使用连词why,because,although 2.谈论如何通过跟父母沟通,跟同学合作学习来降低学业压力,保持健康、积极的生活态度。帮助学生形成积极的价值观,人生观,世界观 3.创造性地提出自己的建议和给出此建议的理由。巩固语言,培养积极人生观、世界观、价值观		
评价设计	1.师生、生生间就听力对话进行问答交流 2.学生结对分角色朗读,或以此为蓝本创编个性对话,交流对中西方教育差异的看法 3.学生重新分组,重构学生之间的信息差,创造性地提出自己的建议和给出此建议的理由		

表5-26 学习单元二Period 5教学流程

环节任务	教师活动	学生活动	设计意图及评价要点
Warming up	Free talk on these questions: Do you often feel stressed out? Are you often worried about your study?	Answer the teacher's questions and have a discussion on "How to lower stress?"	Review and state your own point of view
Presentation	1. Show more pictures about some activities which can help lower your stress 2. Ask students to order them [1-8] with 1 being the most favorite thing you do to lower stress 3.Ask students to practice in pairs	1. Learn the expression about activities according to the pictures 2. Order activities they do to lower stress 3. Tell your partner about your answers in 1a	Master the expression of relevant activity phrases and describe your views on these activities
Listening	1. Ask students to get some information about the listening materials 2. Play the tape and ask students to do the exercises in 1b and 1c 3. Play the tape sentence by sentence to help students imitate the listening	1. Read the listening exercises to get the main idea of the listening materials 2.Listen and do the exercises about the problem and the advice 3.Listen and repeat	1. Be able to understand the conversation on familiar topics, and extract information and opinions from them 2. Be able to record simple information according to the content of the listening materials

续表

环节 任务	教师活动	学生活动	设计意图 及评价要点
Speaking	1.Ask students to work in pairs or retell to make a conversation to talk about problems in study or with their parents 2.Add some more problems students may meet in their daily life and ask for advice	1.Make a conversation or just retell about telling problems and giving advice 2.Have a discussion or work in pairs to give advice	1.Try to describe Wei Ming's problem and Alice's advice by making a conversation 2. Combine listening and speaking, use the information heard and learned to solve the problems that may be encountered in life and learning, and put forward feasible suggestions 3.Coordination and generalization
Summary	1. Summarize how to express the problems students meet My parents give me a lot of pressure about school I have to compete with my classmates at school 2. Summarize how to express opinions about giving advice Why not...? /Why don't you...? You'd better(not)... Let's... What/How about...? You should/could...	1.Take some useful expressions on the note book 2.Learn to use the expressions to express opinions about telling problems and giving advice	1.Summary and induction 2. Be able to use sentence patterns to express their own problems and put forward suggestions on other people's problems

续表

<table>
<tr><th>环节任务</th><th>教师活动</th><th>学生活动</th><th>设计意图及评价要点</th></tr>
<tr><td colspan="4">板书设计</td></tr>
<tr><td colspan="4">Problems: My parents give me a lot of pressure about school
I have to compete with my classmates at school

Advice: Why not...? /Why don't you...?
You'd better (not).../Let's...
What/How about...?
You should/could...</td></tr>
<tr><td colspan="4">作业设计</td></tr>
<tr><td colspan="4">1. Finish the exercise
2. Talk about a classmate's current problems in the form of dialogue and give suggestions</td></tr>
<tr><td colspan="4">教学反思</td></tr>
<tr><td colspan="4"></td></tr>
</table>

5.学习单元二:Period 6-7(表5-27、表5-28)

表5-27　学习单元二Period 6-7课堂实施

课题	Unit 4 Section B (2a-2e)	课型	阅读课
教学内容分析	1.本单元主要介绍生活中由不同因素引起的青少年的烦恼和麻烦(学业压力、朋友关系、家庭因素),从而引发大家讨论家长对孩子教育的态度和做法 2.本文以议论文的形式介绍了一些中国父母和美国父母对孩子们课余活动和课外学习的安排,比较中美家长对子女的教育方法和不同的人对此的看法		
课程标准要求	1.能用简单语言描述自己或他人的经历,能表达简单的观点 2.能在学习中相互帮助,克服困难 3.能根据上下文猜测生词的意思 4.能连贯、流畅地朗读课文		

续表

课题	Unit 4 Section B (2a-2e)	课型	阅读课
学习目标	1.通过阅读文章了解作者的观点,并分析作者是如何支撑自己的观点的 2.通过梳理文本,分析中美家庭在教育方面的异同,了解科学研究对观点的论证和支撑作用,从而探究文章的主题意义,实现深度学习 3.通过联系上下文,重点掌握“猜词义(Guessing the Meaning)”这一阅读技能,并运用这一阅读技能猜测出文章中生词的意思 4.与老师和同学交流学习体会		
教学重难点	1.能通过观察学生活动图片,预测文章主题和内容 2.能通过阅读语篇,了解中美家庭在教育方式方面的异同,培养“猜词义(Guessing the Meaning)”的阅读技能,并运用这一阅读技能猜测出文章中生词的意思 3.通过对不同观点的探讨,了解议论文的结构和论证方式 4.能绘制表格或思维导图并描述文本相关内容		
评价设计	1.师生间就阅读内容进行问答交流,检测学生是否读懂文本并了解议论文结构和论证方式 2.完成教材2c填空,检测学生是否掌握阅读技能(猜词义) 3.回答教材2d的问题,检测学生是否掌握文章的一些细节 4.绘制表格或思维导图并描述中美家庭教育中的共同问题		

表5-28　学习单元二Period 6-7教学流程

环节任务	教师活动	学生活动	设计意图及评价要点
Lead-in	1. Present a video of some little kids planning to take after-school classes 2. Free talk: (1)Do you have some after-school classes to take?	1.Watch the video and get some information	1. Introduce the topic of the article by the video

续表

环节任务	教师活动	学生活动	设计意图及评价要点
Lead-in	(2) What kind of classes do you have? (3) Do you get a lot of pressure from them? (4) Why do you take so many after-school classes? (5) Do students in America have the same problem?	2.Answer the questions	2. Arouse students' interest and have a brainstorm
Pre-reading	Show the title to students and ask the meaning of the title	Tell something about their thoughts. Predict what we will read about in the passage	Talk about the understanding of the topic and divergent thinking
While-reading	1. Ask students to read the passage quickly and answer the questions: (1) What is the common problem for Chinese and American families? (2) Who gives their opinions about the problem? (3) What do the three people think of children's pressure? Good or bad? 2.Lead students to read paragraph by paragraph and raise some questions. 3. Let students complete the chart in 2d	1. Read the passage quickly and answer the questions 2. Read paragraph by paragraph and answer some questions 3. Read the passage again and complete the chart in 2d	1. Get some information from the passage 2. Develop students' reading skills through reading and skimming 3. Learn the reading strategy "Guessing the Meaning"

续表

环节任务	教师活动	学生活动	设计意图及评价要点
Post-reading	1. Help students to list opinions on different families 2. Discuss the following questions: (1) What do you think of after-school activities? (2) What should you do to relax?	1. Fill in the mind map 2. Answer the questions and share the opinions	1. Explore the theme meaning of the article and realize the deep learning by completing the mind map 2. Develop students' deep thinking
Summary	1. Guide students to complete the mind map and summarize the passage 2. Let students compare the similarities and differences between a Chinese family and an American family on education by filling a chart 3. Have students retell the article with the help of the mind map	1. List out opinions in the passage 2. Draw a mind map about the similarities and differences between the opinions 3. Try to retell the passage with the help of the mind map	1. With the help of mind mapping, understand the structure of argumentative writing 2. Develop students' speaking skills 3. Induction and generalization

板书设计

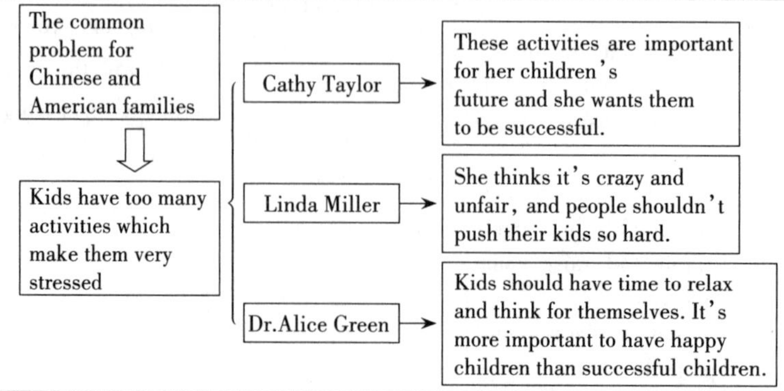

续表

环节任务	教师活动	学生活动	设计意图及评价要点
作业设计			
1. Complete the map and be able to orally explain the views of the article 2. Finish the exercise 3. Find more articles or videos about students' after-school activities or family education in different countries online, accumulate more English expressions, and be able to share these and communicate with peers in English			
教学反思			

6.学习单元二:Period 8(表5-29、表5-30)

表5-29　学习单元二Period 8课堂实施

课题	Unit 4 Section B (3a-Self Check)	课型	写作课
教学内容分析	1.本单元主要介绍生活中由不同因素引起的青少年的烦恼和麻烦(学业压力、朋友关系、家庭因素等),从而引发大家讨论家长对孩子教育的态度和做法 2.本课通过要求学生对课后补习的看法进行阐述来复习相关的词汇,句式。通过表达并记录的方式,激活学生的思维,集结所学到的相关知识,为写作做好准备		
课程标准要求	1.能读懂常见文体的小短文和相应水平的英文报刊文章 2.能尝试使用不同的教学资源,从口头和书面材料中提取信息、扩展知识、解决简单的问题并描述结果 3.能合理计划和安排学习任务,积极探索适合自己的学习方法 4.在学习和日常交际中,能初步注意到中外文化异同 5.能在教师的帮助下或以小组讨论的方式起草和修改作文		

续表

课题	Unit 4 Section B (3a–Self Check)	课型	写作课
学习目标	1. 了解并掌握议论文文体结构 2. 能运用所学语言写一篇关于人们对课后补习班的观点的议论文 3. 能用议论文文体结构正确表述自己的观点 4. 能合理计划和安排学习任务，积极探索适合自己的学习方法 5. 能在教师的帮助下或以小组讨论的方式起草和修改作文		
教学重难点	1. 能运用所学语言写一篇关于人们对课后补习班的观点的议论文，能准确列举论点、论据和运用正确的论证方式 2. 在学习中积极思考，主动探究，善于发现语言的规律并能运用规律举一反三		
评价设计	1. 小组调查人们对课后补习班的看法 2. 给杂志社写一封信，表达你和你的小组成员对课后补习班的看法 3. 组间互评和评比，设置奖项进行表彰		

表5-30　学习单元二Period 8教学流程

环节任务	教师活动	学生活动	设计意图及评价要点
Lead-in	1. Present a video: Should children take after-school classes? 2. Discussion: Do you think children should take after-school classes? Why or why not?	1. Watch the video and take some useful information or expressions 2. Discuss the questions with a partner and take notes	1. Introduce the topic of the article by the video 2. Arouse students' interest and have a brainstorm
Pre-writing	A magazine interviewed some parents about after-school classes for children	Read the opinions below and make notes on your own opinions Why should children take after-school classes?	

续表

环节任务	教师活动	学生活动	设计意图及评价要点
Pre-writing	Ask students to read the opinions below and make notes on their own opinions	After-school classes can help kids get into a good university I want my child to be a successful person It's good for children to start learning from a young age	1. Collect and prepare materials in groups according to writing requirements 2. Awareness and co-ordination
While-writing	1. Assign the task of writing a letter to the magazine to express your opinions on after-school classes for children 2. Tell students how to write a letter 3. Tell students how to evaluate if they make a good one	1.Understand the task of writing a letter to the magazine to express your opinions on after-school classes for children 2. Know the steps of writing 3. Know the evaluation criterion 4.Write your own letter	1. Know how to express your opinions by sending a letter to a magazine 2. Develop students' writing skills 3. Cooperate with others in group activities, help each other and complete learning tasks together
Post-writing	1.Leave time for students to prepare for the presentation 2. Show students the evaluation criterion	1. Work in groups Share students' own letter with each other 2. Work in groups Give advice on how to polish the letter	1.Learn to share ideas 2.Learn from each other
Summary	1.Choose a few works from students and display them to the whole class, and then try to polish them together	1.Know both the good and bad sides of their letter	1.Know the good and bad sides of themselves in writing

续表

环节任务	教师活动	学生活动	设计意图 及评价要点
Summary	2. Ask students to revise and rewrite their compositions 3. Ask students to finish the exercise in Self Check 4. Check the answers and summarize the use of "until, so that, although"	2. Revise and rewrite their compositions 3. Finish the exercise in Self Check 4. Check the answers and summarize or take some notes	2. Practice more 3. Summarize the useful expressions of the whole unit

板书设计
Step1: Make a list 1. After-school classes can help kids get into a good university 2. Parents want their child to be a successful person 3. It's good for children to start learning from a young age Step2: Sentence pattern Parents' opinions Your opinions Step3: Link up Step4: Structure —Beginning —Body —Ending

作业设计
1. Finish the letter 2. Summarize the use of conjunctions in the article

教学反思

第六章

高中案例实践

第一节 高中单元整体教学案例一——人教版(2019)高中《英语》必修一Unit 4

一、单元语篇主题分析

本节对人教版(2019)高中《英语》必修一Unit 4 Natural Disasters进行单元语篇主题分析。单元话题为自然灾害,主题语境是人与自然。本案例分析了本单元的9个语篇,具体分析如表6-1所示。

表6-1 Unit 4语篇主题分析

语篇	语篇类型(技能)	语篇内容	语篇主题
Quote	名人名言(阅读)	树立防灾意识,减少伤亡	树立防灾减灾意识
Report Natural Disasters	新闻文本(听力)	关于各种自然灾害的报道	新闻报道介绍各种自然灾害
The Night the Earth Didn't Sleep	记叙文(阅读)	记录唐山大地震发生前后的事情	描述自然灾害的发生、造成的巨大破坏及搜救和灾后重建工作
Describe Pictures of Disasters	句子(语法)	用定语从句描述自然灾害	学会运用定语从句描述自然灾害
Prepare for a Disaster	说明文(听力)	地震前的准备,地震中的措施,地震后的求救	树立防灾减灾意识

续表

语篇	语篇类型(技能)	语篇内容	语篇主题
The Daily News	新闻(阅读)	海啸袭击亚洲一些国家	新闻报道介绍一次自然灾害
The Story of an Eye-witness	记叙文(阅读)	杰克·伦敦记录发生于1906年的地震	描述自然灾害造成的破坏及灾后人们展现出的团结救灾精神
China to the Rescue!	说明文(阅读)	对中国国际搜救队相关信息的介绍	跨越国界的救灾工作展现出灾难面前人类互帮互助的精神
Tsunami: Killer Wave	说明文(视频)	海啸的形成、影响及应对措施	了解自然灾害背后的科学原理,帮助防灾减灾

二、单元大观念与学习小单元划分

从上表可以提炼出本单元的单元大观念,即学生通过了解自然灾害、描述自然灾害,学会如何应对自然灾害,并能树立正确的价值观。基于大观念,根据语篇之间的联系,本单元可分为三个学习小单元。具体如图6-1所示。

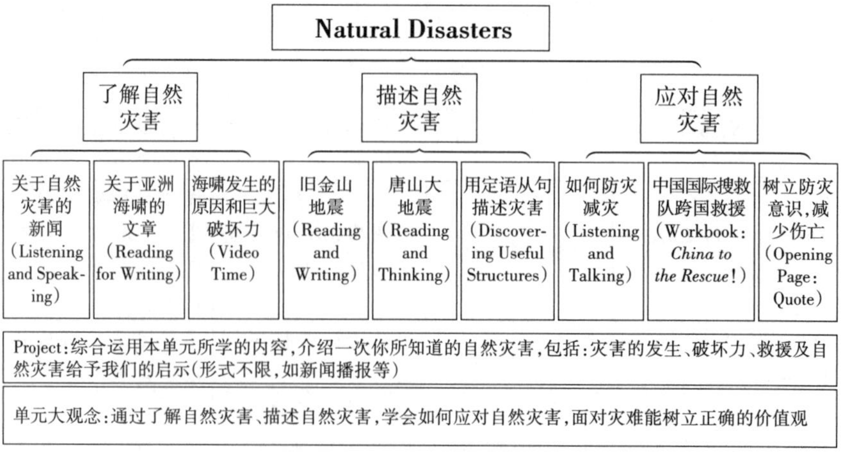

图6-1 Unit 4单元大观念与学习小单元划分

三、单元目标设定与课时划分

本单元的单元大观念最终要帮助学生在面对灾难时树立正确价值观，即面对灾难我们应该采取什么措施去减少自然灾害对我们的伤害，同时我们应该以何种精神去应对灾难。因此，本单元语篇主题意义之间的递进关系应该是：先通过语篇认识和了解自然灾害的各个方面，然后用目标语言描述自然灾害的基本方面，最后升华主题，从实际措施和精神层面去应对灾害。厘清了这些语篇主题意义之间的关联后，就可以将本单元的单元整体教学目标设定如下。

通过本单元的学习，学生能够：

(1)了解自然灾害的种类、发生(时间、地点)、危害、防治和救援工作。

(2)建构有关自然灾害的词汇网，并运用相关词汇及定语从句描述自然灾害的各个方面。

(3)归纳科学的防灾减灾措施，科学应对自然灾害，形成正确的价值观。

单元整体教学目标是将整个教学活动串联起来的主线，教学活动都是围绕实现单元整体教学目标而展开的。这为我们重新整合单元教学资源、划分课时、设定课时教学目标提供了导向。整体教学目标的细化和分解就是课时目标，因此，每个课时目标都应该指向单元整体目标的实现。这就是单元整体教学目标和课时目标的关系。根据单元整体教学目标安排课时，并将单元整体目标分解到每个课时目标中。

本单元一共设置8个课时，分步实现单元整体教学目标。每个课时目标之间具有递进性和关联性，体现了深度学习理论从觉知到调和、迁移的过程。总的来说，有以下三个维度：第一，学生对单元主题自然灾害的认识，从了解自然灾害的种类，学习自然灾害的发生，到了解其产生的破坏性，最后到应对措施。这体现了话题信息间由浅入深的联结。

第二，学生对语言知识的学习，从简单的关于自然灾害的词汇学习，到能够口头复述课文主要内容，再到根据原文信息动笔写出课文概要，到最后能够综合运用本单元所学内容完整地用语篇介绍自然灾害。这体现了知识技能间由浅入深的联结。第三，学生对自然灾害的态度、价值观的改变也是由浅入深的，首先通过语篇描述自然灾害，感受到灾害的巨大破坏性，这时候学生的态度应该是对自然有所敬畏的；其次通过了解抗灾救灾、灾后重建工作，学生认识到在灾难面前，人们如果发挥智慧的力量，众志成城，再大的灾难也能跨过去，灾难虽然可怕，但大灾面前，人们展现出来的是大爱；最后通过了解中国国际救援队，学生推己及人，认识到在自然灾害面前，人类是命运共同体，大爱无疆，人们团结一心、抗击灾难的精神应该跨越国界。具体如表6-2所示。

表6-2　Unit 4单元课时安排

课时安排	单元目标	语篇
第1课时	了解自然灾害 1.通过看图片、听新闻，学会认读常见的自然灾害的单词 2.运用听力技巧，抓取细节信息 3.通过听，初步概括可以从哪些方面去介绍自然灾害 4.通过阅读听力文本，归纳总结与自然灾害相关的动词和短语 5.运用本课所学，以播报的形式复述新闻内容	语篇一：Report Natural Disasters (Listening and Speaking)
第2课时	了解自然灾害 1.通过阅读文本，找出介绍海啸发生的时间、地点、造成的损失等关键信息的句子 2.通过阅读并复述教师给出的Summary，总结如何撰写Summary 3.通过小组讨论，总结作者使用何种方式来表现这场海啸的巨大破坏力(列数据) 4.通过了解海啸具有巨大破坏力的原因，提出应对措施 5.能够根据本课所学，用自己的语言就课文写一个Summary	语篇二：Tsunami Hits Asia：Over 6,500 Dead (Reading for Writing：Write a Summary) 语篇三：Tsunami：Killer Wave (Video Time)

续表

课时安排	单元目标	语篇
第3课时	描述自然灾害 1.通过快速阅读,获取唐山大地震的基本信息,厘清文章结构 2.通过抓关键信息,完成关于唐山大地震的细节信息的思维导图,整理与地震破坏性、灾后营救等相关的词汇。根据思维导图和相关词汇,口头简要复述唐山大地震的相关内容	语篇四:*The Night the Earth Didn't Sleep* (Reading and Thinking: Describe a Natural Disaster)
第4课时	描述自然灾害 1.通过小组讨论,分析作者如何利用修辞手法以及运用数字和定语从句等特色语言描写地震的巨大破坏性 2.通过讨论得出地震给人们带来的思考,总结我们应该以何种态度面对恶劣的自然灾害 3.通过归纳该文本的结构、语言特色,描述其他自然灾害	语篇四:*The Night the Eath Didn't Sleep* (Reading and Thinking: Describe anatural Disaster)
第5课时	描述自然灾害 1.谈论唐山大地震,找出含有定语从句的句子,并分析结构和意义 2.运用定语从句谈论汶川地震的图片 3.通过整合图片内容描述汶川地震	语篇五: Discribe Pictures of Disasters (Discovering Useful Structures)
第6课时	应对自然灾害 1.通过定位关键词获取听力文本的细节 2.小组讨论制作一份安全清单,为地震做好准备 3.通过口头报告一种自然灾害(包括原因、破坏力和救援),形成防灾减灾救灾的意识	语篇六: Prepare for a Disaster (Listening and Talking)
第7课时	应对自然灾害 1.总结和梳理中国国际救援队介绍的结构信息 2.通过阅读补充性阅读语篇,重构中国国际救援队介绍的结构信息,并口头介绍救援队 3.通过阅读文本和开篇引言了解中国国际救援队建立的意义,形成防灾减灾救灾的意识	语篇七: *China to the Rescue!* (Workbook: Expanding Your World) (Video Time) (补充)语篇八: The China International Search and Rescue Team 语篇九: Quote (Opening Page)
第8课时	描述自然灾害,应对自然灾害,形成科学的灾难观 1.总结和梳理本单元关于自然灾害介绍的结构框架和部分相关语块 2.以小组为单位全面介绍一种自然灾害	适当补充与各类自然灾害相关的语篇供学生在完成Project时,自主选择阅读

四、课型教学活动设计

1.第1课时教学设计及流程,见表6-3、表6-4

表6-3 第1课时教学设计

课题	Report Natural Disasters	课型	听说
教学内容分析	该板块的活动主题是“播报自然灾害”。听力文本是四则对自然灾害的新闻播报。第一则以早间新闻播报的形式,报道了厄瓜多尔一场突发的7.8级地震。第二则是晚间新闻,是对发生在中国江西和湖南的洪水灾害的跟踪报道。根据第三则新闻播报中出现的信息,例如breaking news、was just seen,可推测这则播报是电台就当日突发的龙卷风灾害插入的新闻播报。第四则新闻报道了韩国首尔由大雨引发的山体滑坡事件		
课程标准要求	语言能力:能掌握描述主要灾害的语篇的叙述要点,并了解新闻播报的语言特征 学习能力:能根据听力问题预测听力内容 文化意识:能了解国内外发生过的一些重大自然灾害 思维品质:能归纳、概括、整合所获信息,并按逻辑顺序组织信息、表达信息		
学习目标	1.通过看图片、听新闻,学会认读常见的有关自然灾害的单词 2.运用听力技巧,抓取细节信息 3.通过听,初步概括可以从哪些方面去介绍自然灾害 4.通过阅读听力文本,归纳总结与自然灾害相关的动词和短语 5.运用本课所学知识,以播报的形式复述新闻内容		
教学重难点	学生缺乏描述自然灾害的词汇积累,没有构建起谈论这个话题的逻辑框架		
评价设计	课堂评价:学生能够根据表格,以新闻播报的形式复述新闻内容 作业评价:学生能够根据本课所学知识,以思维导图的形式,呈现自然灾害的几个方面,及本课中出现的重点单词、短语		

表6-4　第1课时教学流程

环节任务	教师活动	学生活动	设计意图及评价要点
Lead-in	Present videos and pictures of natural disasters	1. Watch the videos and tell what kind of natural disasters they are 2. Look at the pictures and write down the names of the natural disasters	Purpose: 1. Introduce the topic 2. Arouse students' interest Evaluation: Students can name natural disasters and write down their names
Brainstorm	Ask students what natural disasters they know	Brainstorm any natural disaster they know	Purpose: Test what students know about the topic and help them know more about natural disasters Evaluation: Students can list the natural disasters they know
Prediction	1. Present a group of words 2. Some of them are related to natural disaster, while others come from the previous units 3. Ask students to read these words and predict which words are more likely to appear in the news they are going to listen to	Read these words and predict which words are related to the topic	Purpose: Help students get familiar with many words that will appear in the listening materials Evaluation: Students should tell the words' meanings and predict which words will appear in the listening materials

续表

环节任务	教师活动	学生活动	设计意图及评价要点
Listening	1. Ask students to listen and check their predictions by writing down the words they hear 2. Ask students to look at the table in Activity 3 and write down the type of information 3. Ask students to listen and find out the answers to the questions in Activity 3	1.Listen and write down the words they hear, read words to the class 2.Think about what they are going to listen to 3.Listen for the detailed information	Purpose: 1. Help students pronounce the words correctly and get ready for the next step 2. Prepare students to catch detailed information 3. Know more details about natural disasters Evaluation: 1. Students can write down and read the words they hear 2. Students can tell what kind of information they are to hear 3. Students can write down the detailed information
Summary	1. Ask students to read the information they get and summarize how to talk about a natural disaster	1. Summarize how to talk about a natural disaster 2. Sort out the key information about each natural disaster	Purpose: Get students ready for the presentation Evaluation: 1. Students can finish the mind map showing how to talk about natural disasters

续表

环节任务	教师活动	学生活动	设计意图及评价要点
Summary	2. Go through the listening material and sort out the key information about each natural disaster 3. Ask students to summarize the sentence patterns that are useful in giving a news report	3. Summarize the sentence patterns that are useful in giving a news report	2. Students can fill in the blanks about each natural disaster 3. Students can make a list of sentence patterns
Presentation	Give students two assignments to choose from: A. Retell the news report based on the key information they sort out (For students scoring on average and below) B. Give a news report based on the information in Activity 4 (For top students)	Retell the news report based on the key information they sort out or give a news report based on the information in Activity 4	Purpose: Comprehensively use what they have learnt in this period Evaluation: Students can give a news report on natural disasters in a logical way using new words and sentence structures they have learnt
板书设计			

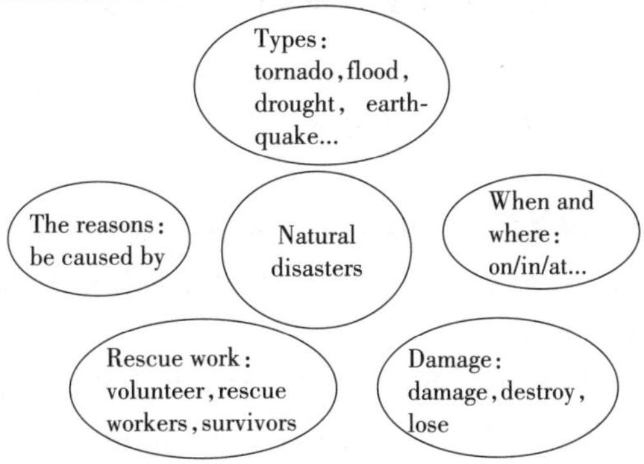

续表

环节任务	教师活动	学生活动	设计意图及评价要点
作业设计			
Make a mind map to present the words and expressions about the cause, the damage, the rescue work and other aspects of natural disasters in this period			
教学反思			

2.第2课时教学设计及流程,见表6-5、表6-6

表6-5　第2课时教学设计

课题	Tsunami Hits Asia: Over 6,500 Dead	课型	读写
教学内容分析	阅读文本是一则专题新闻。文本语言属于即时性的新闻报道。文章标题醒目,直接说明事件,能让读者马上获知新闻报道的主要内容。文本交代了海啸发生的时间、地点、范围、原因、受灾情况以及救援行动等		
课程标准要求	语言能力:能掌握描述主要灾害的语篇的语言特征和叙述要点 学习能力:能抓取文章大意,归纳整合文本主要信息 文化意识:能了解国内外发生过的一些重大自然灾害 思维品质:能归纳、概括、整合所获信息,并按逻辑顺序组织信息、表达信息		
学习目标	1. 通过阅读文本,找出介绍海啸发生的时间、地点、造成的损失等关键信息的句子 2. 通过阅读并复述教师给出的Summary,总结如何撰写Summary 3. 通过小组讨论,总结作者使用何种方式来表现这场海啸的巨大破坏力(列数据) 4. 通过了解海啸具有巨大破坏力的原因,提出应对措施 5. 能够根据本课所学知识,用自己的语言就课文写一个Summary		

续表

课题	Tsunami Hits Asia：Over 6,500 Dead	课型	读写
教学重难点	学生不知道如何抓住概要写作的重点信息，也没有足够的词汇用自己的语言来写Summary		
评价设计	课堂评价：学生能够观察老师如何写Summary，总结出写作步骤 作业评价：学生能够根据课文内容，模仿老师给出的范本，用自己的语言写一个Summary		

表6-6　第2课时教学流程

环节任务	教师活动	学生活动	设计意图及评价要点
Review	Ask students to review how to talk about natural disasters	Review how to talk about natural disasters	Purpose: Review what they have learnt and lay a foundation for what they are going to learn Evaluation: Students can recall how to talk about natural disasters
Prediction	Ask students to look at the picture and read the title, and then predict what kind of information will appear in the news	Predict the information that they think will appear in the text	Purpose: Get students ready for reading Evaluation: Students can predict the content of the text
Reading for the Main Idea	Ask students to read and check their predictions	Read the news quickly and tick the information that appears in the text	Purpose: Help students get the main idea of the text Evaluation: Students can identify the information included in the text

续表

环节任务	教师活动	学生活动	设计意图及评价要点
Reading for the Facts about the Tsunami	1. Ask students to underline the key sentences describing the tsunami 2. Put the sentences together to make a short summary, and ask students to read and retell it	1. Underline the key sentences 2. Read and retell the summary given by the teacher	Purpose: Help students get more information about the tsunami Evaluation: Students can sort out the key information about the tsunami. They can retell the summary
Reading for the Language	Ask students to read carefully and think about how the writer writes about the great damage caused by the tsunami	List the numbers given by the writer and underline the verbs or verb phrases that go with these numbers	Purpose: Help students grasp the language features of this text and accumulate more words about the topic Evaluation: Students can find the numbers, and collect verbs and phrases that go with the numbers
Summary	Use the words collected to rewrite some of the sentences in the summary, and ask students to read and summarize the steps of summary writing	Observe how the teacher writes the summary and summarize how to write a summary	Purpose: Observe how to write a summary Evaluation: Students can summarize the steps of summary writing

续表

环节任务	教师活动	学生活动	设计意图及评价要点
Expanding Knowledge	1. Ask students if they know why a tsunami can be so disastrous. Then play the video in Video Time. And ask students to watch and find the answer 2. Ask them if they can think of ways to protect themselves when tsunamis come	1. Watch the video and retell the cause of tsunamis 2. Think of ways to protect themselves when tsunamis come	Purpose: Make students know more about tsunamis and help them think creatively Evaluation: Students can tell the reasons and think of ways to protect themselves
板书设计			
Summary writing tips: Step 1: Get the main idea of the text Step 2: Underline the key sentences about the topic (Sometimes they are topic sentences) Step 3: Put the sentences together by adding logical words Step 4: Rewrite the sentences using your own language			
作业设计			
Imitate the textbook article and write a summary of the text using your own language			
教学反思			

3.第3—4课时教学设计及流程,见表6-7、表6-8

表6-7　第3—4课时教学设计

课题	Describe a Natural Disaster	课型	阅读
教学内容分析	1.该文本是介绍唐山大地震的纪实性报告文学,文本有一条明确的叙述主线:地震前的预兆—地震导致的破坏—震后的援救—灾后重建。全文共有五个自然段,第一段讲述了地震前在唐山地区发生的一系列反常现象;第二段讲述的是凌晨地震发生后的情形;第三段详细描写了唐山市受灾后的悲惨景象;第四段讲述的是救援工作;第五段主要描写唐山获得了新生 2.作为纪实性报告文学,本文在修辞方面除了开篇的排比句外,还使用了文学作品中常见的拟人、比喻、夸张、递进等修辞方法,文章有了更多细节,也更有画面感。同时文中还运用了不少的数据及相关形容词,使内容更具客观性、说服力和可信度		
课程标准要求	语言能力:能归纳描述地震的相关语言表达和修辞方法,并用所归纳的语言和修辞描述地震等自然灾害 学习能力:能通过插图和标题预测文本内容,并通过合作学习辨别不同的修辞手法 文化意识:在阅读活动中理解和欣赏修辞的语言表达形式 思维品质:能梳理相关信息,分析主题句和支撑内容的联系,能用批判性思维探究作者的写作意图		
学习目标	1.通过快速阅读,获取唐山大地震的基本信息,厘清文章结构 2.通过抓关键信息,完成关于唐山大地震细节信息的思维导图,整理与地震破坏和灾后营救相关的词汇。根据思维导图和相关词汇,口头简要复述唐山大地震的相关内容 3.通过小组讨论,分析作者如何利用修辞手法以及运用数字和定语从句等特色语言描写地震的巨大破坏性 4.通过讨论,思考地震给人们带来的影响,总结我们应该以何种态度面对恶劣的自然灾害 5.通过归纳该文本的结构、语言特色,能描述其他自然灾害		
教学重难点	纪实性报告文学的语言特色和地震带给我们的影响		
评价设计	课堂评价:学生能用本课所学的结构和特色语言口头描述自然灾害 作业评价:学生能写一篇短文描述汶川地震		

表6-8 第3—4课时教学流程

环节任务	教师活动	学生活动	设计意图及评价要点
Warming up	Play a video and raise the questions: What can you see in the video and what does the title "The Night the Earth Didn't Sleep" mean?	Watch the video and answer the questions	Purpose: Activate students' background information about the earthquake and make them understand the meaning of the title
Reading for the Main Idea	1.Guide students to read the title and look at pictures to guess the main idea 2. Organize students to scan the passage to find the topic sentence of each paragraph 3.Guide students to analyze the structure of the passage	1. Read the title and look at pictures to guess the main idea 2. Read the passage quickly to find the topic sentence 3.Analyze the structure of the passage	Purpose: 1. Learn to observe the title and pictures which are important to the main idea 2.Get the main idea by finding the topic sentence Evaluation: The main idea and the structure
Reading for Details	1. Organize students to read each part of the passage and make a mind map by finding the key information 2. Guide students to build a word-net about the earthquake	1. Read each part carefully 2. Make a mind map	Purpose: 1. Get the key information about the earthquake 2. Build a word-net about the earthquake Evaluation: The key information in the mind map and the word collection

续表

环节任务	教师活动	学生活动	设计意图及评价要点
Retelling	Ask students to retell the passage, offer help and make comments on their retelling	Retell the passage using the mind map	Purpose: Describe the earthquake by using the key information Evaluation: The structure, the key information and the proper theme-related vocabularies
Reading for the Language Feature	1. Show the title and analyze the sentence to tell them "personification" is used 2. Organise students to read each part to find more figures of speech 3. Guide students to summarize all the language features in the description 4. Organise students to discuss the purpose of the language	1. Read to find more sentences using the "figures of speech" 2. Summarize all the language features in the description 3. Discuss why the author uses so many attractive and impressive languages	Purpose: Get to know the language feature of the literary journalism Evaluation: 1. Figures of speech: personification, contrast, exaggeration, metaphor, simile 2. Numbers used in the description 3. Attributive clauses used to describe the earthquake
Discussion for the Writing Purpose	1. Guide students to think: What does the earthquake bring to us and what can humans do to reduce the damage?	1. Think over the questions	Purpose: Help students to develop the awareness of being unflappable and offering help in face of natural disasters

续表

环节任务	教师活动	学生活动	设计意图及评价要点
Discussion for the Writing Purpose	What makes Tangshan revive? What should we do in face of the earthquake? 2. Guide students to discuss and share their ideas 3. Make a summary about what we can learn in this passage	2. Discuss in groups 3. Share the ideas	Evaluation: The author's writing purpose

板书设计

Summary

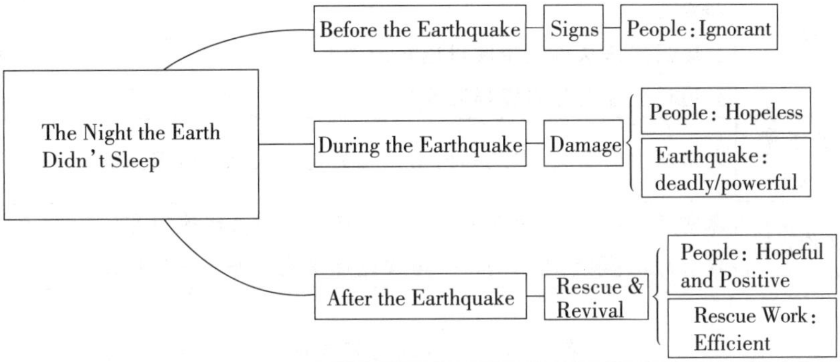

作业设计

Write a passage to describe Wenchuan Earthquake:

1. Use three parts (before, during, after)
2. Use at least two kinds of figures of speech
3. Use numbers

教学反思

4.第5课时教学设计及流程,见表6-9、表6-10

表6-9　第5课时教学设计

课题	Describe Pictures of Disasters	课型	语法
教学内容分析	该板块的活动主题是“描述自然灾害的图片”,共有三个活动设计:活动一要求学生辨别定语从句,探究、归纳定语从句的结构和语用功能;活动二帮助学生进一步巩固对关系代词的运用;活动三对学生灵活运用定语从句提出进一步要求,即用定语从句描述图片		
课程标准要求	1. 意识到语言使用中的语法知识是“形式、意义、使用”的统一体,学习语法的最终目的是在语境中有效地运用语法知识来理解和表达意义 2. 在语篇中理解和使用由关系代词 that,which,who,whom,whose 和关系副词 when,where,why 引导的限制性定语从句		
学习目标	1. 谈论唐山大地震,找出含有定语从句的句子,并分析句子的结构和意义 2. 运用定语从句谈论汶川地震的图片 3. 通过整合图片内容描述汶川地震		
教学重难点	定语从句的意义,以及如何用正确的定语从句描述图片		
评价设计	课堂评价:学生能用本课所学的定语从句口头描述图片 作业评价:学生能用定语从句描述汶川地震并写一篇短文		

表6-10　第5课时教学流程

环节任务	教师活动	学生活动	设计意图及评价要点
Review	1. Raise questions for students to answer using attributive clauses: What's the number of people in Tangshan Earthquake? For whom did the workers build shelters?	1.Answer the questions	Purpose: Introduce the attributive clause

续表

环节任务	教师活动	学生活动	设计意图及评价要点
Review	2.Lead students to identify the the attributive clause	2. Find the attributive clauses	Grammar: Attributive clauses
Find the Rules	1. Guide students to analyze the structure of attributive clauses in the sentences 2. Help students to understand the reasons for using the attributive clause	1. Analyze the structure of the answers and the sentences on page 52 (Part 1) 2. Tell when we should use the attributive clause	Purpose: Know the structure and the meaning of attributive clauses Evaluation: 1. Structure: antecedent + relative pronouns/adverbs 2.Meaning: Describe something more specifically
Talk about Wenchuan Earthquake	1. Show some pictures during and after Wenchuan Earthquake for students to discuss using attributive clauses 2.Make a comment and summary about students' discussion	Observe pictures, ask and answer questions about the pictures: Picture 1: The injured boy who lost his mother in the disaster was rescued and taken to the hospital Picture 2: The reporter was interviewing an old man who can never forget the earthquake Picture 3-5 (on page 52 Part 3)	Purpose: Use the attributive clause in real situations Evaluation: Use the proper relative words, the right tense and logic in the attributive clause

续表

环节任务	教师活动	学生活动	设计意图及评价要点
Describe Wenchuan Earthquake	1. Organize students to work in groups to have an interview about the Wenchuan Earthquake: the survivors, the rescue work, the reporter, the volunteer 2. Offer help when necessary and make comments about their performance	Work in groups to have an interview, with each one playing a different role	Purpose: Put the attributive clauses together to describe the earthquake Evaluation: Use the proper relative words, the right tense and logic in the attributive clause

<table>
<tr><th>板书设计</th></tr>
<tr><td>Attributive Clause: { Structure / Meaning / Use }
Wenchuan Earthquake { The Damage / The Rescue / The Hope }</td></tr>
<tr><th>作业设计</th></tr>
<tr><td>Write a passage to describe Wenchuan Earthquake using attributive clauses and the information in the pictures</td></tr>
<tr><th>教学反思</th></tr>
<tr><td></td></tr>
</table>

5. 第6课时教学设计及流程，见表6-11、表6-12

表6-11　第6课时教学设计

课题	Prepare for a Disaster	课型	听说课
教学内容分析	Listening and Talking是听力对话文本，内容涉及一位救援工作人员Mrs Fors带着她的搜救狗Lucky到一所高中给学生们讲解地震自救的相关知识，包括地震发生之前、地震中和地震后的应对措施。本板块的活动主题是“Prepare for a disaster”，要求学生能够了解、思考、讨论、梳理出地震防灾知识及地震应对措施，最后迁移到口头叙述：面对其他自然灾害时该如何为应对灾难做准备，探讨应急包的准备以及遭遇灾难时如何逃生等相关内容		
课程标准要求	语言能力：在听的过程中，抓住语篇中的关键概念和关键细节；在口头表达中根据语篇特征和框架，表达自己对于自然灾害的了解 学习能力：有合作学习的意识，愿意与他人分享各种学习资源 思维品质：结合自然灾害特点和实际情况，比较、分析、思考恰当的救援方式和使用的工具 文化意识：面对自然灾害，形成防灾减灾救灾意识		
学习目标	1. 通过定位关键词，获取听力文本的细节 2. 小组讨论并制作一份安全清单，为地震做好准备 3. 口头报告一种自然灾害（包括原因、破坏力和救援），形成防灾减灾救灾的意识		
教学重难点	教学重点：讨论并制作一份地震安全清单 教学难点：综合这节课听力和本单元阅读部分所学内容，迁移运用，撰写一份关于自然灾害的报告		
评价设计	课堂评价：学生口头陈述一篇关于自然灾害的报道 作业评价：学生能书面表达一篇关于自然灾害的报道		

表6-12 第6课时教学流程

环节任务	教师活动	学生活动	设计意图 及评价要点
Part Ⅰ. 觉知 (Awareness) Step 1 Pre-listening	Show pictures of the earthquake, ask students to describe the pictures and guide them to think about making a list of safety instructions for an earthquake	Describe the pictures and think about how to make a list of safety instructions for an earthquake	Arouse students' interest and set a scene to complete the task
Part Ⅱ. 调和 (Coordination) Step 2 While-listening (1)	Play the tape twice, and ask students to fill in the table	Listen to the tape and get the key-words while listening	Activate students' background information about the inventions, and practise the listening skill of locating the key-words
Part Ⅱ. 调和 (Coordination) Step 3 While-listening (2)	Play the tape again, ask students to listen again and take down more details of the instructions during an earthquake	Take down more information. Students have a discussion and present the details	Practise the skill of taking down notes in shorthand and prepare for the second learning objective
Part Ⅲ. 归纳 (Induction) Step 4 Post-listening (1)	Give pictures of actions during and after the earthquake	Recall the instructions by looking at the pictures	Get familiar with safety instructions and prepare for the second learning objective

续表

环节任务	教师活动	学生活动	设计意图及评价要点
Part Ⅲ. 归纳 (Induction) Step 5 Post-listening (2)	Assign tasks to everyone in a group (host the discussion, take down notes, present the work...), and guide them to talk about what should be prepared, why it should be prepared and give instructions. Comment on the work	Perform the duty of everyone in a group and discuss the emergency kits	Realize the second learning objective
Part Ⅳ. 迁移 (Generalization) Step 6 Post-lisenting (3)	Ask students to make a report of other natural disasters like floods and forest fires, by following the structure of the reason, the destructive power and the rescue	Based on the supplementary reading materials of more natural disasters, students make a report of natural disasters including the reason, the destructive power, the rescue	Realize the third learning objective
板书设计			
Before the earthquake: During the earthquake: drop, cover and hold on, stay away from... After the earthquake: Reason, destructive power, rescue...			
作业设计			
Write a report about a natural disaster: 1. The reason to cause the natural disaster 2. The destructive power of the natural disaster 3. The way of rescue and necessary tools 4. Try to use the expressions you have learnt as many as possible in your report			

续表

环节任务	教师活动	学生活动	设计意图及评价要点
教学反思			

6. 第7课时教学设计及流程，见表6-13、表6-14

表6-13　第7课时教学设计

课题	China to the Rescue!	课型	阅读课
教学内容分析	文本内容涉及中国国际救援队的介绍，具体包括组建、人员构成、国外任务执行、搜救工作和搜救人员素质等方面。本板块的视野拓展部分，要求学生能够了解、思考、梳理出中国国际救援队各个方面的信息，最后结合本单元开篇引言，探讨救援队的意义和面对灾难时人们应具备的防灾减灾救灾意识		
课程标准要求	文化意识：形成对中国国际救援队的崇敬之情及正确的价值观 语言能力：识别语篇的主题和语篇结构特征，必要组成部分和可选组成部分，各组成部分的顺序等 思维品质：比较分析同一主题不同语篇的信息和结构，重构新的文本信息和结构 学习能力：有自主学习和合作学习的能力，乐于分享学习资源和学习经验		
学习目标	1. 总结和梳理介绍中国国际救援队的信息 2. 通过阅读补充性阅读语篇，重构介绍的信息，并口头介绍救援队 3. 通过阅读文本和开篇引言，了解中国国际救援队建立的意义，形成防灾减灾救灾意识		
教学重难点	教学重点：根据文本提供的信息，介绍中国国际救援队 教学难点：综合两个文本的信息，谈论救援精神和防灾减灾救灾意识		
评价设计	课堂评价：口头介绍中国国际救援队 作业评价：书面陈述中国国际救援队的意义和自然灾害带来的启示		

表6-14　第7课时教学流程

环节任务	教师活动	学生活动	设计意图 及评价要点
Part Ⅰ. 觉知 (Awareness) Step 1 Pre-reading	Show pictures of CISAR, ask students to describe the pictures and guide them to predict the content of the passage	Describe the pictures of CISAR and predict the structure	Arouse students' interest and practise the reading skill of prediction Prepare for the first learning objective
Part Ⅱ. 调和 (Coordination) Step 2 While-reading (1)	1. Ask students to read and sort out the main aspects of the introduction 2. Comment on the structure	Read carefully to summarize and sort out the structure of the article introducing CISAR	Summarize the main idea of each aspect and realize the first learning objective
Part Ⅱ. 调和 (Coordination) Step 3 While-Listening (2)	1. Ask students to read another text and reconstruct the structure and details of the introduction 2. Comment on the new structure	Read another supplementary reading text to reconstruct the structure and details of the introduction	Practise the skill of taking down notes in shorthand and prepare for the second learning objective
Part Ⅲ. 归纳 (Induction) Step 4 Post-reading (1)	Guide students to figure out the structure of introduction and sort out the relevant expressions	Students work in groups to introduce CISAR by following the aspects of formation, personnel, achievements...	Prepare for the second learning objective
Part Ⅲ. 归纳 (Induction) Step 4 Post-reading (2)	Comment on the work (structure and the required expression learned in the passage and this unit)	Present the introduction	Realize the second learning objective

续表

环节任务	教师活动	学生活动	设计意图 及评价要点
Part Ⅳ. 迁移 (Generalization) Step 5 Post-lisenting	1. Ask students to voice opinions on the meaning of CISAR and the quote "Live to Tell: Raising Awareness,Reducing Mortality" 2.Comment and summarize	1. Discuss in groups to talk about the meaning of CISAR and the quote 2. Present individual work	Realize the third learning objective
板书设计			
Establishment: was formed in... Personnel: is made up of... Purpose: Missions: Achievements: ...			
作业设计			
Write a passage to talk about the inspiration we derive from the natural disasters 1. The meaning of CISAR 2. The understanding of the quote			
教学反思			

7.第8课时教学设计及流程，见表6-15、表6-16

表6-15　第8课时教学设计

课题	Project	课型	拓展课
教学内容分析	本课是本单元最后一个板块，是整个单元从"了解自然灾害""描述自然灾害"到"应对自然灾害"的输出部分和总结升华部分，要求学生能够综合梳理和运用本单元三个板块所学内容，撰写一份关于自然灾害的报告，其结构包括它的成因、表现形式、灾难发生前的准备或预防、灾难发生中的安全指示、灾难发生后的救援以及灾难带给我们的启示，要求尽量使用本单元所学的语块和定语从句		
课程标准要求	语言能力：运用本单元所学的结构、语块和定语从句，创造性地介绍一种自然灾害 学习能力：有自主学习和合作学习的能力，乐于分享学习资源和学习经验；通过图书馆、报纸、杂志、互联网、广播或电视等多种渠道查找语言学习所需的信息和材料 思维品质：区分、鉴别、分析和介绍自然灾害有关信息，发展逻辑思考能力；通过对已有文本的解读，横向迁移对相似对象的比较，学会创造性表达和运用语言介绍自然灾害 文化意识：了解世界范围内的自然灾害，形成防灾减灾和保护救助的意识		
学习目标	1. 总结和梳理本单元关于自然灾害介绍的结构框架和部分相关语块 2. 以小组为单位全面介绍一种自然灾害		
教学重难点	教学重点：总结和梳理本单元关于自然灾害介绍的结构框架和部分相关语块 教学难点：以小组为单位全面介绍一种自然灾害		
评价设计	1. 以表格形式呈现介绍自然灾害的框架和语块 2. 以小组为单位口头全面介绍一种自然灾害		

表6-16　第8课时教学流程

环节任务	教师活动	学生活动	设计意图及评价要点
Part Ⅰ. 觉知 (Awareness) Step 1 Warming-up	Show pictures of different natural disasters, actions and instructions...	Describe the pictures — name some of the disasters, instructions...	Recall the relevant lexical chunks to prepare for the first learning objective

续表

环节任务	教师活动	学生活动	设计意图及评价要点
Part Ⅱ. 调和 (Coordination) Step 2 Discussion	1. Ask students to discuss in groups to have a proper structure of introducing a natural disaster and the relevant expressions 2. Comment on the work	Work in groups to construct a proper structure and sort out expressions to introduce a natural disaster	Realize the first learning objective
Part Ⅱ. 调和 (Coordination) Step 3 Improvement	Show a sample of introducing a natural disaster with incomplete structure and simple expressions	Judge and give suggestions for improvements	Prepare for the second learning objective
Part Ⅲ. 归纳 (Induction) Step 4 Preparation	1. Assign the task of giving a presentation to introduce a natural disaster 2. Introduce tips like beginning with a hook and present students with pictures or tables	1. Work in groups to choose a natural disaster 2. Use the tips in the presentation and refer to the materials in this unit and the supplementary readings	Prepare for the second learning objective
Part Ⅳ. 迁移 (Generalization) Step 5 Presentation	1. Guide students to work in groups and offer necessary help 2. Give requirements for reference 3. Comment on individual work	1. Work in groups to prepare for the presentation 2. Refer to the requirements to check whether the work is qualified 3. Do the work and present individual work	Realize the second learning objective

续表

环节任务	教师活动	学生活动	设计意图 及评价要点
板书设计			
Hook Reasons Destructive power Preparedness before the disaster Instructions during the disaster Rescue after the disaster Inspiration			
作业设计			
Write a passage to introduce another natural disaster 1. Follow the structure of a hook, reasons, destructive power, preparedness before the disaster, instructions during the disaster, rescue after the disaster and inspiration (make a table if possible) 2. Use the expressions in this unit as many as possible 3. Use at least 2 attributive clauses			
教学反思			

第二节 高中单元整体教学案例二 ——人教版(2019)高中《英语》必修三 Unit 3

一、单元语篇主题分析

本节选择人教版(2019)高中《英语》必修三 Unit 3 Diverse Cultures,作为深度学习下高中英语单元整体教学课例实践对象。本单元围绕“多元文化”这一主题展开,在“人与社会”的主题语境下,介绍了在不同国家和不同城市中的多元文化现象,帮助学生认识多元文化共存的现象,以加深其对文化异同的理解和尊重,形成包容与开放的性格,并鼓励他们积极促进多元文化的和谐发展。

本单元的第一个语篇是 Opening Page 上的开篇名言,内容是世界之美源自人之多样。其主题意义是要学生认识世界文化的多样性。第二个语篇是 Listening and Speaking 部分的访谈对话,内容是讨论几种美国食品的起源,主题为认识多元文化对美国饮食的影响。第三个语篇是 Reading and Thinking 部分的旅行日记,内容是中国学生 Li Lan 在旧金山一天的行程和所见所闻,其主题意义为体会多元文化对美国的影响,并理解美国多元文化形成的根源和社会背景。第四个语篇是 Listening and

Talking部分的对话，内容为外国友人Justin在贵州旅行时与当地朋友Wu Yue谈论中国苗族和侗族这两个少数民族的文化，其主题在于让学生了解中国异彩纷呈的少数民族文化，认识中国文化的多样性。第五个语篇是Reading for Writing部分的带有旅游宣传性质的介绍性说明文语篇，内容为作者对美国旧金山中国城方方面面的一个介绍，其主题为体现中国文化与美国多元文化的关系，即中国文化是美国多元文化的重要组成部分。第六个语篇是Video Time部分的视频访谈，内容为介绍美国纽约市皇后区，主题为展现并让学生认识美国的多元文化。第七个语篇是Workbook Using Structures部分的日记，内容为George在美国旧金山的两日游，主题为认识美国文化的多样性。第八个语篇是Workbook Reading and Writing部分的说明文，内容为介绍美国文化的三个标志：快餐，棒球以及爵士，其主题为让学生进一步了解美国的文化。第九个语篇为Workbook Expanding Your World部分的说明文，内容为介绍新西兰少数民族毛利人文化，主题为让学生了解新西兰的多元文化。具体划分如表6-17。

表6-17　Unit 3语篇主题分析

语篇	语篇类型	语篇内容	语篇主题
Opening Page	名人名言	世界之美源自人之多样	认识世界文化的多样性
Listening and Speaking	访谈对话	几种美国食品的起源	认识多元文化对美国饮食的影响
Reading and Thinking	旅行日记	中国学生工Li Lan在旧金山一天的行程和所见所闻	体会多元文化对美国的影响，并理解美国多元文化形成的根源和社会背景
Listening and Talking	对话	谈论中国苗族和侗族这两个少数民族的文化	认识中国文化多样性
Reading for Writing	介绍性说明文	介绍美国旧金山的中国城	理解中国文化与美国多元文化的关系

续表

语篇	语篇类型	语篇内容	语篇主题
Video Time	视频访谈	美国纽约市皇后区街区文化	认识美国多元文化
George's Diary	日记	美国旧金山两日游	认识美国多元文化
Symbols of American Culture	说明文	美国主流文化标志	了解美国文化
New Zealand and Maori Culture	说明文	新西兰少数民族毛利人文化	了解新西兰多元文化

二、单元大观念与学习小单元划分

本单元的主题是人与社会，涉及的话题是多元文化。学生通过学习美国食物、多文化城市、唐人街及中国少数民族文化等相关内容，在对不同文化比较、鉴赏、批判和反思的过程中，拓宽国际视野，理解和包容不同文化，增强对中华传统文化的认识，形成正确的价值观和道德情感，成为有文明素养和社会责任感的人。具体结构如图6-2所示。

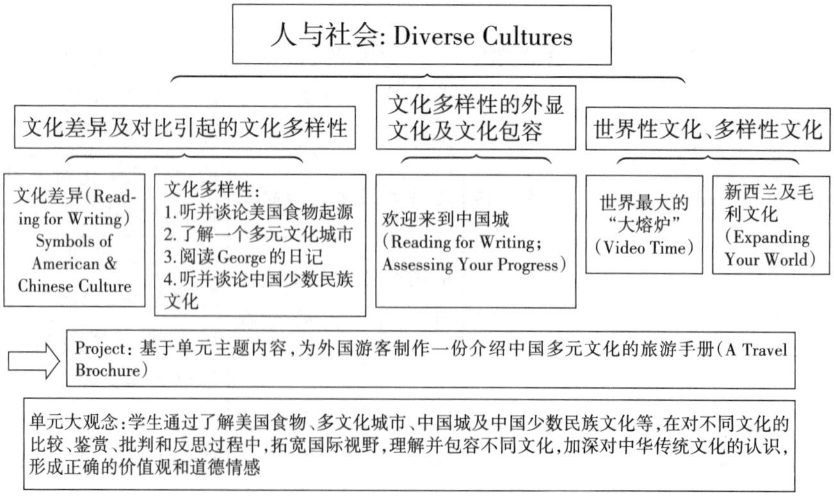

图6-2 Unit 3单元大观念与学习小单元划分

三、单元目标设定与课时划分

掌握单元大观念最终要使学生拓宽国际视野，坚定文化自信，从多元文化视角观察和认识世界，学会探究和分析多元文化现象及其历史渊源，正确解读不同的文化价值观，同时在这一过程中发展学生的逻辑思维能力、批判思维能力和创新思维能力。因此本单元语篇主题意义之间的递进关系应该是：先通过语篇认识和了解多元文化对美国的影响和中国文化的多样性，再用目标语言描述一个地方的文化特色，最后升华主题，提高文化理解和鉴别能力，坚定文化自信，增强中华民族自豪感。厘清了这些语篇主题意义之间的关联后，就可以将本单元的单元整体教学目标设定如下。

通过本单元的学习，学生能够：

（1）理解美国多元文化的形成根源和社会背景，理解中国文化多样性和少数民族文化。

（2）建构描述文化现象的词汇体系并运用相关词汇描述所在地的特色文化。

（3）认识世界多元文化共存现象，尊重文化异同，促进多元文化和谐发展。

单元整体教学目标是将整个教学活动串联起来的主线，教学活动都是围绕实现单元整体教学目标而展开的。这为我们重新整合单元教学资源、划分课时、设定课时教学目标提供了导向。整体教学目标的细化和分解就是课时目标，因此每个课时的目标都应该指向单元整体目标的实现。这就是单元整体教学目标和课时目标的关系。表6-18根据单元整体教学目标安排课时，并将单元整体目标分解到每个课时目标中。

表6-18 Unit 3单元目标设定与课时划分

课时安排	单元目标	语篇
第1课时	了解多元文化在饮食方面的体现 1.在听力中记录关键信息 2.学会速记 3.了解美国食物的起源 4.学会介绍中国民族食品的特点和烹饪方法	语篇一：Talk about the origins of American food (Listening and Speaking)

续表

课时安排	单元目标	语篇
第2课时	了解多元文化在城市——旧金山的体现 1.了解旧金山多元文化特征及其成因 2.学会使用结构图分类和整理文本信息 3.学会分析文章的结构和写作逻辑 4.加深对文化融合的理解和尊重	语篇二：Learn about a city that has diverse cultures (Reading and Thinking)
第3课时	1.了解旧金山的人文和历史信息 2.分析多样性的成因 3.学会比较日记的写作风格 4.学会使用省略句	语篇三：George's two diaries (Workbook)
第4课时	谈论中国的少数民族文化 1.学会使用英语介绍中国的少数民族文化 2.学会在交流中恰当地表达关注和兴趣 3.学会在听力中用缩写和符号速记 4.学会编关于Justin贵州行的对话，并恰当使用省略	语篇四：Talk about ethnic-minority cultures in China (Listening and Talking)
第5课时	1.介绍美国文化象征，了解美国快餐、棒球、爵士乐文化 2.分析美国文化多样性的成因 3.了解介绍一个国家或者地区文化的写作方法	语篇五：Symbols of American culture (Workbook: Reading and Writing)
第6–7课时	1.介绍一个有显著文化特征的地方 2.了解旧金山中国城的文化魅力 3.学会描述文化特征的写作手法 4.学会全面、准确、有条理地介绍自己居住的城市或小镇	语篇六：Welcome to Chinatown (Reading for Writing)
第8课时	制作一份旅行手册	语篇七：New cultures and new experiences (Assessing Your Progress)
第9课时	展示美国的"熔炉"文化，学会辨析、提取、归纳信息	语篇八：World's Biggest Melting Pot (Video Time)

本单元一共设置9个课时，分步实现单元整体教学目标。每个课时目标之间具有递进性和关联性，整个学习过程体现了深度学习理论从觉知到调和、迁移的过程。总的来说，有以下三个维度：一，学生对单元主题多元

文化的认识，从了解多元文化的表现，到学习多元文化的成因，最后到描述多元文化。这体现了话题信息由浅入深的联结。二，学生对语言知识的学习，从简单的关于文化词汇的学习，到能口头复述课文主要内容，能根据原文信息写出课文概要，能使用目标语言用句子自己描述文化现象，到最后能综合运用本单元所学内容完整地用语篇介绍特定地区的文化现象。这体现了知识技能由浅入深的联结。三，学生对多元文化的态度、价值观的改变也是由浅入深的，首先通过语篇描述多元文化，感受多元文化的普遍性和相关性，这时候学生的态度应该是理解和尊重多元文化的；其次通过了解中国少数民族的文化，增强民族自豪感和国家认同感。

四、课型教学活动设计

1.第1课时教学设计及流程，见表6-19、表6-20

表6-19　第1课时教学设计

课题	Talk about the origins of American food	课型	听说
教学内容分析	该板块的活动主题是“讨论几种美国食品的起源”(Talk about the origins of American food)。美国的多元文化反映在社会生活的各个领域中，饮食就是其中很重要的一个方面。该板块介绍了四种食品：汉堡包、墨西哥玉米片、秋葵汤和幸运签饼，它们都是在美国本土发明的，但都带有其他民族的饮食风味和特点。在文化交流过程中和不同民族的文化接触后，文化之间会产生碰撞，同时也会根据需要从不同的文化体系中选取文化元素，经过整合，融为一体，形成一种新的文化体系，这就是文化融合的过程。现代美国文化就是多种文化融合的结果，而这里介绍的几种美国食品正是文化融合的具体表现。该听力文本是一段访谈节目的录音，主持人与嘉宾Steve Fox的第一个话轮暗示了对话发生在访谈直播间。在访谈节目中，主持人围绕某话题同嘉宾互		

续表

课题	Talk about the origins of American food	课型	听说
教学内容分析	动。主持人与嘉宾开展的多个轮次的问答构成了所谈论话题的主体内容。该听力文本一开始就点明访谈的主题,即谈论多元文化对美国饮食的影响(cultural influences on American food)。嘉宾通过四个例子说明很多美国常见食物是在美国本土发明的,却是不同民族的饮食风味与美国当地风味融合的结果		
课程标准要求	语言能力:能听懂关于文化多样性在美国食物中的体现的主题词汇 学习能力:能使用基本的速记方法,如缩写、简写、符号等,有选择地记录听力信息 文化意识:了解多元文化现象,理解美国多元文化形成的根源和社会背景,拓宽国际视野,提升文化理解力和鉴别能力 思维品质:从多元文化视角观察和认识世界		
学习目标	1. 通过速记技巧,获取关于美国四种食物的关键信息,并对其基本信息进行口头复述 2. 通过听对话,培养学生的逻辑思维能力 3. 基于听力文本,口头介绍中国美食		
教学重难点	能使用速记技巧,如缩写、简写、符号等,有选择地记录听力信息		
评价设计	课堂评价:1. 学生能够根据听力中获取的关键信息和表格,复述四种美食的相关信息 2. 学生能够使用本课所学内容,介绍中国美食		

表6-20 第1课时教学流程

环节任务	教师活动	学生活动	设计意图及评价要点
Sharing	Ask students to talk about American food based on the pictures given to them	1. Look at the pictures 2. Share what they know about the topic 3.Think about how to describe the origin of food	Purpose: Activate students' background information about American food Evaluation: Students talk about American food

续表

环节任务	教师活动	学生活动	设计意图 及评价要点
Prediction, listening and demonstrating	1. Ask students to make predictions based on the pictures given to them 2. Ask students to listen to the radio interview and check their predictions 3.Teach students how to use shorthand to take notes quickly	1. Match the pictures with their names and predict their origins 2. Listen and check their predictions 3. Change the words into shorthands	Purpose: 1.Prepare students for the listening by getting topic-related information 2.Equip students with the listening skill of prediction and shorthand to help them get key information Evaluation: 1.Students match the pictures with the names 2.Students listen and check their predictions 3.Students change the words into shorthands
Listening and taking note of keywords	1.Ask students to listen to the radio interview and decide whether the statements are true or false by taking note of the key information 2.Ask students to listen to the radio interview again and complete the notes in the chart using shorthand	1. Listen to the radio interview and decide whether the statements are true or false by taking note of the key information 2. Listen to the radio interview again and complete the notes in the chart using shorthand	Purpose: 1.Help students practice taking notes in shorthand while listening 2. Help students get the basic information of the four American foods Evaluation: 1.Students listen and decide if the statements are true or false 2.Students listen and fill in the chart

续表

环节任务	教师活动	学生活动	设计意图 及评价要点
Summarizing, retelling and speaking	1. Guide students to summarize how to introduce the four American foods 2. Ask students to retell the information about the four American foods in the chart 3. Ask students to talk about special food in China	1. Summarize the way to introduce the four American foods 2. Retell the information using the chart 3. Talk about food in China using the ways summarized above	Purpose: 1. Help students summarize what they've learned in this period 2. Help students use what they've learned in new situations Evaluation: 1. Students can summarize how to introduce a special food 2. Students introduce a special Chinese food

板书设计

Unit 3 Diverse Cultures

Listening and Speaking

How to talk about food origins?	
Who?	• African
Where?	• Cheese
When?	• Spicy
What?	• Corn
How?	• No/without
	• With
	• Important

作业设计

Write a short passage in 70 words to introduce the origin of a special snack in your hometown or the process of making it

教学反思

2.第2课时教学设计及流程，见表6-21、表6-22

表6-21　第2课时教学设计

课题	Learn about a city that has diverse cultures	课型	阅读
教学内容分析	该板块的活动主题是“了解一个具有多元文化特点的城市”(Learn about a city that has diverse cultures)。阅读文本是一则旅行日记。在日记中，中国学生Li Lan记录了自己的旅行，并主要介绍了在旧金山一天的行程和所见所闻，从最初对旧金山的城市建筑产生兴趣到逐渐体会到多元文化对这个城市方方面面的影响。本篇旅行日记结构清晰，作者按照时间顺序叙述了自己在旧金山一天的行程。第一段描述了作者对旧金山的第一印象。第二、三、四、五段分别叙述了作者上午、下午、傍晚在旧金山的活动和所见所闻，以及第二天的安排。除第二段需要稍加推理，第三、四、五段首句均提供了重要的时间线索：in the afternoon、this evening和tomorrow evening。贯穿该旅行日记的主线是旧金山的多元文化，作者在一天的旅行中体会到了多元文化渗透在这个城市的各个方面。这也是该文本的主题意义所在		
课程标准要求	语言能力：阅读旅行日记，了解旧金山的城市风貌、文化特色，以及加利福尼亚州的历史，体会多元文化对美国的影响 学习能力：能够利用结构图梳理文本信息，分析语篇脉络结构，提升语篇分析意识和能力 文化意识：了解多元文化现象，理解美国多元文化形成的根源和社会背景，拓宽国际视野，提升文化理解力和鉴别能力 思维品质：梳理语篇逻辑，使用结构图整理文本信息，培养提取、筛选、概括和分析信息的能力，发展逻辑思维能力和创新思维能力；从多元文化视角观察和认识世界，学会探究和分析多元文化现象及其历史渊源，正确解读不同文化的价值观，培养批判性思维能力		
学习目标	1.通过寻读以及观察结构图的方式整理游记的文本逻辑 2.通过对文本的语言分析总结游记的语言特征 3.通过回答问题，探索本篇游记语篇的主题意义		
教学重难点	对本篇游记语篇主题意义的探索		
评价设计	课堂评价：学生能够通过结构图的方式呈现文本结构 作业评价：学生能够根据结构图，书面复述本篇游记		

表6-22　第2课时教学流程

环节任务	教师活动	学生活动	设计意图及评价要点
Observing and talking	Show students the map on page 28, play the video, and ask students to talk about San Francisco according to their notes	Observe the map, watch the video and talk about San Francisco	Purpose: Activate their prior knowledge about San Francisco and introduce the topic-related words Evaluation: Students talk about San Francisco
Reading for writing order	Read Li Lan's travel journal and find out in which order she wrote about her trip	Read the journal and find out the order with supporting evidence from the passage	Purpose: Prepare students for the structure of the journal Evaluation: Students tell the order and circle the supporting key information
Drawing the timeline	Ask students to read the travel journal again and complete the timeline of Li Lan's trip (mainly focus on what the writer did)	Students read the travel journal again and complete the timeline of Li Lan's trip (mainly focus on what the writer did)	Purpose: Help students get the structure and logic of the journal Evaluation: Students complete the timeline
Completing the timeline	Ask students to read the travel journal again and add Li Lan's feelings to the timeline(mainly focus on how the writer felt)	Students read the travel journal again and add Li Lan's feelings to the timeline (mainly focus on how the writer felt)	Purpose: Help students get the structure and logic of the journal Evaluation: Students complete the timeline

续表

环节任务	教师活动	学生活动	设计意图及评价要点
Finding language features	Ask students to work in groups to find out the language feature of the journal and give supporting evidence	Students work in groups to find out the language feature of the journal and give supporting evidence	Purpose: Help students grasp the language features of this text and accumulate more words about the topic Evaluation: Students can list the language feature of a journal
Discussing	Ask students to discuss the two questions in groups and present the answers	Students discuss the two questions in groups and present the answers	Purpose: Explore the theme of this journal Evaluation: Students answer the two questions
板书设计			

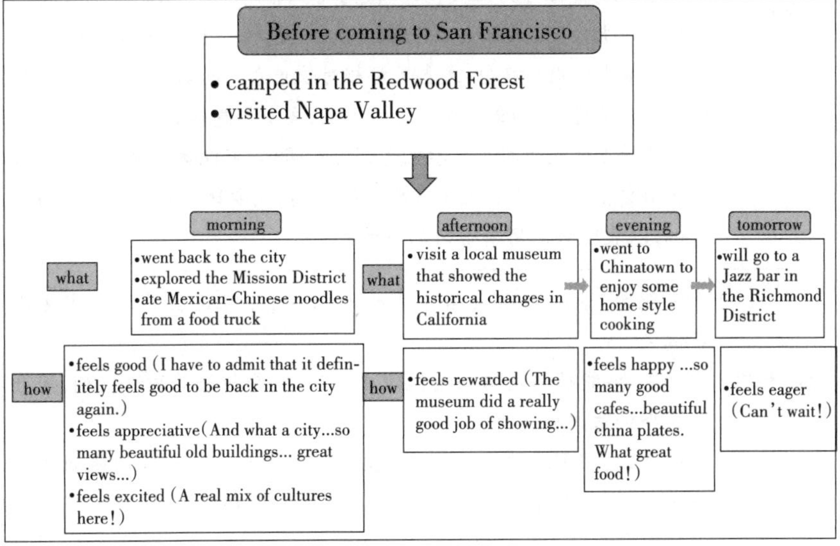

续表

环节任务	教师活动	学生活动	设计意图及评价要点
作业设计			
Write a short passage to retell the journal based on the mind map			
教学反思			

3. 第3课时教学设计及流程，见表6-23、表6-24

表6-23　第3课时教学设计

课题	George's diaries	课型	阅读
教学内容分析	本单元主题为多元文化，该文本是本单元Workbook里的阅读文本，是两篇日记，记录乔治到旧金山第一天的安排和第三天到天使岛的见闻。第一篇日记分为四段，第一段描述作者到达并开始探索目的地，第二段记录作者游览旧金山和海湾时了解电车的相关历史故事，第三段记录与码头相关的捕鱼业历史和旅游业发展现状，最后一段为作者游览后的心情。第一篇日记整篇文本使用了大量的省略句，整体风格较随意。第二篇日记分为三段，第一段为早上旅游见闻，第二段为天使岛的移民历史介绍，第三段为作者游览后的感悟。和第一篇日记相比，整篇文本未使用省略句，文本风格相对较正式。两篇文本都使用了相对应的日记格式，如文本左上方的日期、文本信息按照时间顺序展开、记录了景点所见所闻等。学生通过文本阅读，不仅要了解旧金山的人文和历史信息，分析其文化多样性的原因，还要比较两篇日记的写作风格，以及理解使用省略句的目的		
课程标准要求	语言能力：能够理解英语中省略的用法，并在适当的语境中运用省略 学习能力：能够利用结构图梳理文本信息，分析语篇脉络结构，提升语篇分析意识和能力 文化意识：了解多元文化现象，理解美国多元文化形成的根源和社会背景，拓宽国际视野，提升文化理解力和鉴别能力		

续表

课题	George's diaries	课型	阅读
课程标准要求	思维品质：梳理语篇逻辑，使用结构图整理文本信息，培养提取、筛选、概括和分析信息的能力，发展逻辑思维能力和创新思维能力；从多元文化视角观察和认识世界，学会探究和分析多元文化现象及其历史渊源，正确解读不同文化的价值观，培养批判性思维能力		
学习目标	1.通过寻读以及观察结构图的方式整理游记的文本逻辑 2.通过对比两篇文本得出省略的规律，从而用省略的方法改写第二篇文本 3.通过回答问题，探索本篇游记语篇的主题意义		
教学重难点	1.引导学生运用和模仿Reading and Thinking文本中的方法，利用结构图（时间轴）整理本篇文本中作者一日的活动信息，梳理文本结构 2.使用省略句改写第二篇日记		
评价设计	课堂评价：学生能够通过结构图的方式呈现文本结构并使用省略句改写第二篇日记 作业评价：学生能使用省略的方法写一篇不少于100字的小游记		

表6-24 第3课时教学流程

环节任务	教师活动	学生活动	设计意图及评价要点
Retelling	1. Show the mind map and keywords of Li Lan's travel journal 2. Guide students to retell the learned passage	1. Look at the mind map and keywords 2. Retell Li Lan's travel journal	Purpose: Help students to review what they've learned in the earlier period Evaluation: Retell Li Lan's travel journal

续表

环节任务	教师活动	学生活动	设计意图 及评价要点
Making predictions	1. Show the dates of the two diaries and guides students to predict the writing style and order of the two diaries 2. Ask students to read the first text, find what George visited and learned, as well as check the prediction	1. Predict the writing style and order 2. Check their prediction	Purpose: 1. Help students to learn to observe the text features so as to predict the style and structure of the reading passage Evaluation: Prediction:
Drawing the text structure	Guide students to imitate the mind map used in Li Lan's travel journal to sort out what George saw and how he felt in the two diaries	Draw the text structure of the two diaries	Purpose: Help students get how the writer writes the passage Evaluation: Draw the text structure
Comparing	Ask students to compare the two diaries in groups and find out the differences in language feature and the reasons	Work in groups to compare the two diaries and find out the differences in language feature and the reasons	Purpose: Prepare students for the rewriting of the second diary Evaluation: List the differences in language feature and the reasons

续表

环节任务	教师活动	学生活动	设计意图 及评价要点
Summarizing and practicing	Lead students to summarize the usage of ellipses and practice using ellipses in more exercises	Lead students to summarize the usage of ellipses and practice using ellipses in more exercises	Purpose: Prepare students for the rewriting of the second diary Evaluation: Finish the exercise of ellipsis
Rewriting and evaluation	1. Ask students to rewrite the second diary using ellipsis 2. Ask students to evaluate each other's version in pairs	1. Rewrite the second diary using ellipsis 2. Evaluate each other's version in pairs	Purpose: 1. Help students put ellipsis in use 2. Help students to evaluate Evaluation: Rewriting of the second diary

板书设计

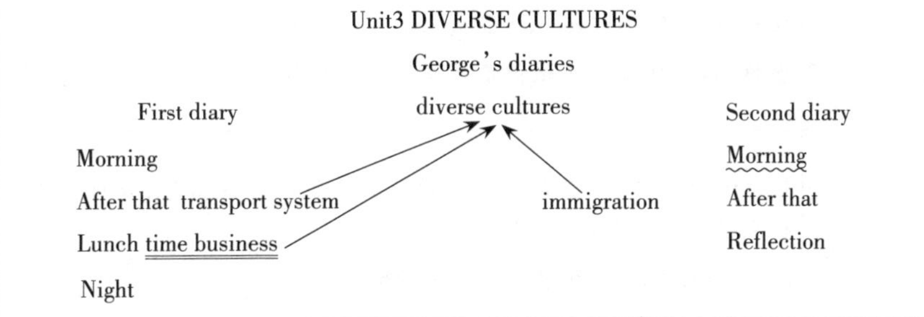

作业设计

Write a journal of more than 100 words using the right text structure and ellipsis

教学反思

4.第4课时教学设计及流程,见表6-25、表6-26

表6-25　第4课时教学设计

课题	Talk about ethnic minority cultures in China	课型	听说
教学内容分析	本单元的主题是人与社会,涉及的话题是多元文化,该板块的活动主题是"谈论中国的少数民族文化"。此部分从谈论美国的多元文化过渡到谈论中国文化的多样性。少数民族文化是中国文化多样性的重要体现。该听力文本为外国友人在贵州旅行时与当地朋友的对话,介绍了当地的民俗特色、旅游景点。第一部分介绍了芦笙及苗族手工制作的银饰。第二部分介绍了参观贵州肇兴的侗寨及大歌舞表演		
课程标准要求	语言能力:能听懂关于文化多样性在中国少数民族文化中的体现的主题词汇 学习能力:能使用基本的速记方法,如缩写、简写、符号等,有选择地记录听力信息 文化意识:了解多元文化现象,理解中国少数民族文化形成的根源和社会背景,增强民族自豪感和国家认同感 思维品质:从多元文化视角观察和认识世界		
学习目标	1.通过速记技巧,获取关于少数民族节日的关键信息,并对其基本信息进行口头复述 2.通过听对话,培养学生的逻辑思维能力 3.基于听力文本,口头介绍贵州旅行		
教学重难点	能使用速记技巧,如缩写、简写、符号等,有选择地记录听力信息		
评价设计	课堂评价:1.学生能够根据听力获取关键信息 2.学生能够使用本课所学内容,介绍贵州旅行		

表6-26 第4课时教学流程

环节任务	教师活动	学生活动	设计意图及评价要点
Step 1 Review the use of ellipsis	Aim: Review students' background information about the use of ellipsis Ask students to summarize the use of ellipsis by doing some exercises	1. Summarize the use of ellipsis 2. Do some exercises	Purpose: Activate students' background information about ellipse Evaluation: Students fill in the blanks
Step 2 Pre-listening	Aim: Help students get familiar with the topic with the help of the pictures 1. Show the pictures of some cultures of Guizhou 2. Ask students to make predictions based on the pictures 3. Teach students how to use shorthand to take notes quickly	1. Look at the pictures and talk about them 2. Guess what they are in the pictures and predict their origins 3. Change the words into shorthands	Purpose: 1. Prepare students for the listening by getting topic-related information and pictures 2. Equip students with the listening skill of prediction and shorthand to help them get key information Evaluation: 1. Students match the pictures with the names 2. Students listen and check their predictions 3. Students change the words into shorthands
Step 3 While-listening	Aim: Help students to listen and get needed information by taking notes	1. Listen to the recording and use some listening skills, including note-taking to get information	Purpose: 1. Help students to practice taking notes in shorthand while listening

续表

环节任务	教师活动	学生活动	设计意图 及评价要点
Step 3 While-listening	1. Give students guidance on some useful skills for listening 2. Ask students to get key information by listening and taking notes 3. Ask students to read after the tape and figure out when to pause in speaking	2. Read after the tape and mark the pauses	2. Help students get the basic information of Chinese ethnic minorities Evaluation: 1. Students listen and decide true or false 2. Students listen and fill in the chart
Step 4 Post-listening	Aim: Let students apply the information they get in listening to speaking 1. Ask students to retell the information about the cultures in Guizhou 2. Guide students to summarize their impressions of Chinese ethnic minorities 3. Ask students to make dialogues by using the useful expressions to talk about Chinese ethnic minorities	1. Retell the information in the listening material 2. Summarize their impressions of Chinese ethnic minorities 3. Make dialogues by using the useful expressions to talk about Chinese ethnic minorities	Purpose: 1. Help students summarize what they've learned in this period 2. Help students use what they've learned in new situations Evaluation: 1. Students can summarize how to introduce a trip to Guizhou 2. Students introduce a special Chinese food

续表

环节任务	教师活动	学生活动	设计意图及评价要点
板书设计			
Listening and Talking Where did you go? Who went there with you? How did you go there? Where did you stay when you were there? Where did you visit? Did you find any special food/snacks? What did you think of people there? Did you join in their traditional activities? What impressed you most?			
作业设计			
Find more information about the Miao ethnic group on the Internet and write a passage to introduce it			
教学反思			

5.第5课时教学设计及流程,见表6-27、表6-28

表6-27　第5课时教学设计

课题	Symbols of American culture	课型	阅读
教学内容分析	本单元主题为多元文化,该文本是本单元Workbook里的阅读文本,介绍了美国文化的象征。第一段总体介绍了美国文化的象征;第二段介绍了美国的快餐文化;第三段介绍了美国的棒球文化;第四段介绍了美国的爵士音乐;最后一段再次总体介绍了一些美国文化的象征。本篇文章通过"总—分—总"的写作方法介绍了美国多元文化的象征。学生通过文本阅读,能够进一步了解美国文化,并分析其文化多样性的原因,了解介绍一个国家或者地区文化的写作方法		

续表

课题	Symbols of American culture	课型	阅读
课程标准要求	语言能力:阅读旅行日记,了解美国文化象征——快餐、棒球和爵士音乐,体会多元文化对美国的影响 学习能力:能够利用结构图梳理文本信息,分析语篇脉络结构,提升语篇分析意识和能力 文化意识:了解多元文化现象,理解美国多元文化形成的根源和社会背景,拓宽国际视野,提升文化理解力和鉴别能力 思维品质:梳理语篇逻辑,使用结构图整理文本信息,培养提取、筛选、概括和分析信息的能力,发展逻辑思维能力和创新思维能力;从多元文化视角观察和认识世界,学会探究和分析多元文化现象及其历史渊源,正确解读不同文化的价值观,培养批判性思维能力		
学习目标	1.通过寻读以及结构图的方式整理游记的文本逻辑 2.通过对文本的语言分析得出游记的语言特征 3.通过回答问题探索本篇游记语篇的主题意义		
教学重难点	对本篇游记语篇主题意义的探索		
评价设计	课堂评价:学生能够通过结构图的方式呈现文本结构 作业评价:学生能够根据结构图,书面复述本篇游记		

表6-28　第5课时教学流程

环节任务	教师活动	学生活动	设计意图及评价要点
Step 1 Lead-in	1. Show the pictures and ask students to predict what this passage is about 2. Invite students to tell what this passage is about	1. Look at the pictures and keywords 2. Predict what this passage is about	Purpose: Activate students' prior knowledge about symbols of American culture and introduce the topic-related words Evaluation: Students talk about symbols

续表

环节任务	教师活动	学生活动	设计意图 及评价要点
Step 2 While-reading	1. Ask students to read the first text and skim the main idea of this passage 2. Ask students to scan this passage and find the key information of the detailed questions 3. Ask students to find the answers to the given questions 4. Lead students to read the passage and analyze the structure of this passage 5. Guide students to circle the topic sentence of paragraph 2–4 6. Underline the supporting sentences	1. Read the first text and skim the main idea of this passage 2. Scan this passage and find the key information of the detailed questions 3. Find the answers to the given questions 4. Read the passage and analyze the structure of this passage 5. Circle the topic sentence of paragraph 2–4 6. Underline the supporting sentences	Purpose: Prepare students for the structure of the journal Evaluation: Students tell the order and circle the supporting key information
Step 3 Post-reading	1. Brainstorm four symbols of China and discuss the questions about each symbol. Take notes on your answers in exercise 4 on page 77 2. Talk about the symbols and their details with others in class	1. Brainstorm four symbols of China and discuss the questions about each symbol. Take notes on your answers in exercise 4 on page 77 2.Talk about the symbols and their details with others in class	Purpose: Help students get the structure and logic of the journal Evaluation: Students complete the timeline

续表

环节任务	教师活动	学生活动	设计意图 及评价要点
板书设计			
Analyze the structure of the text Introduction Body Conclusion			
作业设计			
1. Exercises 2 to 5 on page 77 2. Remember the words and expressions			
教学反思			

6.第6—7课时教学设计及流程，见表6-29、表6-30

表6-29　第6—7课时教学设计

课题	Describe a place with distinctive cultural identity	课型	Reading for Writing
教学内容分析	该板块的活动主题是“介绍一个有显著文化特征的地方”。该板块通过介绍中国城继续聚焦中国文化。本单元主题图呈现的是旧金山中国城的典型景象，Reading and Thinking部分也提到了中国城，为这一板块做铺垫。介绍中国城的目的主要是体现中国文化与美国多元文化的关系，它是美国多元文化的重要组成部分。中国城是海外华人的精神家园和传播中国文化的重要窗口。游客也能在中国城近距离体验中国文化		

续表

课题	Describe a place with distinctive cultural identity	课型	Reading for Writing
教学内容分析	作者选取了旧金山中国城最具代表性的内容,包括那里的居民构成、语言、建筑、商品、饮食风味、活动等。从文章标题“Welcome to Chinatown!”可看出,它是一篇带有旅游宣传性质的语篇。该语篇采用“总—分—总”的写作结构。第一段概述旧金山中国城的特点。第二段介绍中国城的起源、居民的构成和当地的主要语言。第三段继续讲述中国城的历史,包括1906年的地震和城市重建,并介绍了几个有特色的景点。第四段介绍中国城的店铺类型及特色产品。第五段介绍中国城的饮食特点。第六段重申中国城存在的价值,即它是美国多元文化的重要组成部分,是游客亲身体验中国传统文化的重要场所		
课程标准要求	语言能力:能阅读旧金山中国城的旅游宣传简介,掌握这类文章的文本结构、内容要点及语言风格;能写一篇短文,全面、准确、有条理地介绍自己居住的城市或小镇,包括当地的文化特色 学习能力:能利用文章结构图梳理文本信息,分析语篇脉络结构,提升语篇分析意识和能力 文化意识:能了解多元文化现象,拓宽国际视野,提升文化理解力和鉴别能力 思维品质:能归纳、概括、整合所获信息,并按逻辑顺序组织信息、表达信息		
学习目标	1. 阅读一篇介绍旧金山中国城的文章,分析语篇脉络结构并把握其写作特点 2. 学会概括介绍一个地方的要素,最终能写一篇短文介绍自己居住的城市或小镇,包括当地的文化特色		
教学重难点	引导学生阅读一篇介绍旧金山中国城的文章,并把握其写作特点。在一节课中要完成如下任务:收集素材—收集相关语言表达—写初稿—互评互改—交流和分享		
评价设计	课堂评价:学生能够通过思维导图的形式分析文章结构,把握语篇脉络 作业评价:学生能够根据所学的文章结构及语言特征,写一篇短文介绍自己居住的城市或小镇,包括当地的文化特色		

表6-30 第6—7课时教学流程

环节任务	教师活动	学生活动	设计意图 及评价要点
Step 1 Lead-in	1. Play two very short videos and let students see what it is like in Chinatown 2. Invite students to talk about whatever they know about Chinatown	1. Watch the videos 2. Tell what they know about Chinatown	Purpose: Activate students' background information about the Chinatown in San Francisco Evaluation: Students can tell what they know about Chinatown
Step 2 Pre-reading	1. Show the title of this article to students 2. Ask students to guess what we will read in this article	1. Read the title 2. Tell what we can know about the article from the title	Purpose: Help students understand the writing purpose of the article Evaluation: Students can predict the passage according to the title
Step 3 While-reading	1. Ask students to read the text and analyze the main idea of each paragraph 2. Ask students to read for more information and think about the structure of this passage 3. Lead students to analyze the language features 4. List the keywords and draw a mind map about Chinatown	1. Read the text and analyze the things that mentioned in the text 2. Read the text and analyze the main idea of each paragraph 3. Read and analyze the structure of this passage 4. Analyze the language features 5. List the keywords and draw a mind map about Chinatown	Purpose: Help students to figure out the writing style, organization of text and language features to prepare for the writing Evaluation: Students should summarize the main idea, tell the language features and draw a mind map about Chinatown

续表

环节任务	教师活动	学生活动	设计意图及评价要点
Step 4 Pre-writing	1. Ask students to brainstorm and list what they will talk about in the writing 2. Add more information about the requirements	1. Brainstorm and list what they will talk about in the writing 2. Add more information about the requirements 3. Write an outline of your introduction	Purpose: Lead students to prepare for the writing topics Evaluation: 1. Students can add more information about the requirements 2. Students can write an outline of their introduction
Step 5 While-writing	Help students to write a passage by imitating the organization of text and using the sentence patterns	Write about our city —— Chongqing	Purpose: Further practice students' writing skills Evaluation: Students can write about our city —— Chongqing
Step 6 Post-writing	1. Ask students to exchange the writing with each other 2. Ask students to comment on their partners' writing according to the writing requirements 3. Ask students to present and comment on their partners' writing in class and share what they have learnt and the suggestions they can give to make their partners' writing better	1. Exchange the writing with each other 2. Comment on partners' writing according to the writing requirements 3. Present and comment on partners' writing in class and share what have learnt and the suggestions they can give to make partners' writing better	Purpose: Help students know the writing requirements better, learn more good expressions in writing and find advantages from others around them Evaluation: Students can make comments on partners' writing in class and share the suggestions they can give to make partners' writing better

续表

<table>
<tr><th>环节任务</th><th>教师活动</th><th>学生活动</th><th>设计意图
及评价要点</th></tr>
<tr><td colspan="4">板书设计</td></tr>
<tr><td colspan="4">Unit 3 Diverse Cultures (Reading for Writing)
<table>
<tr><td>Organization:

general
↓
specific
↓
general</td><td>Useful expressions:
is located in/on
is divided up into
is...in size
the most popular/greatest/largest
has a history of...years
has a population of...
is home to...ethnic groups
popular festivals/foods/tourist sights include...</td><td>Topics:
location
climate
history
language
famous figures
tourist attractions
...</td><td>Requirements:
1.A clear topic
2.Good handwriting
3.Follow the organization
4.Useful expressions
5.The fewer errors, the better</td></tr>
</table></td></tr>
<tr><td colspan="4">作业设计</td></tr>
<tr><td colspan="4">1. Revise the drafts
2. Make your writing better according to the advice given by your partner</td></tr>
<tr><td colspan="4">教学反思</td></tr>
<tr><td colspan="4"></td></tr>
</table>

7. 第8课时教学设计及流程，见表6-31、表6-32

表6-31　第8课时教学设计

课题	Project: Create a travel brochure	课型	写作
教学内容分析	该部分为项目活动，要求学生为外国朋友设计行程，“制作一份旅行手册”，以帮助他们体验中国文化的多样性。该活动与单元主题紧密联系，体现了本单元所学内容在生活中的运用。教材提供了一张体验美国多元文化的旅游宣传页，供学生参考，其中介绍了多个博物馆和旅游景点，帮助旅客了解美国的不同种族及其文化。该旅行手册是本单元主题语料的重要补充，进一步体现了美国的多元文化现象。同时，该活动鼓励学生向世界展示中国文化的多样性		
课程标准要求	语言能力：能读懂一张体验美国多元文化的旅游宣传页 学习能力：能学习旅行手册的内容及写作特点，并制作旅行手册 文化意识：能进一步了解多元文化现象 思维品质：能归纳、概括、整合所获信息，并按逻辑顺序组织信息、表达信息		
学习目标	1. 能读懂一张体验美国多元文化的旅游宣传页 2. 能分析、总结旅行手册的具体内容及语言特征 3. 能设计并制作具有中国文化特色的旅行手册		
教学重难点	教学重点：引导学生学习旅行手册的内容及写作特点，并根据范例创作有关中国或自己家乡的旅行手册 教学难点：学生初次接触旅行手册设计和写作，在对中国文化进行介绍时会有一些困难		
评价设计	课堂评价：学生能够读懂一张体验美国多元文化的旅游宣传页，并总结旅行手册的语言特征 作业评价：学生能够根据所学内容，设计并制作具有中国文化特色的旅行手册		

表6-32　第8课时教学流程

环节任务	教师活动	学生活动	设计意图 及评价要点
Step 1 Lead-in	Ask students to look at the pictures of travel brochures to try to find out what a travel brochure includes	1.Look at the pictures 2. Share what they know about the travel brochures 3.Think about what a travel brochure includes	Purpose: Activate students' background information about a travel brochure Evaluation: Students can talk about what a travel brochure is and what it includes
Step 2 Conclusions and examples about the contents of a travel brochure	1. Draw a conclusion about a travel brochure according to the pictures 2.Take exercise 2 on page 35 as an example to prove the conclusion	1. Discuss and draw a conclusion 2. Analyze exercise 2 on page 35 to prove the conclusion and have a first impression of a travel brochure	Purpose: Help students get familiar with the contents of a travel brochure Evaluation: Students can tell the contents of a travel brochure exactly
Step 3 Examples and conclusions about the features of a travel brochure	1. Give students time to observe the features of pictures and languages in a travel brochure 2.Ask students to discuss and draw a conclusion about the features of a travel brochure	1. Observe exercise 2 on page 35 to get the features of pictures and languages in a travel brochure 2. Discuss and draw a conclusion about the features of a travel brochure	Purpose: Help students to get the features of a travel brochure by taking exercise 2 on page 35 as an example Evaluation: Students can summarize the features of pictures and languages in a travel brochure

续表

<table>
<tr><th>环节任务</th><th>教师活动</th><th>学生活动</th><th>设计意图
及评价要点</th></tr>
<tr><td>Step 4
Project: Create a travel brochure</td><td>1.Ask students to discuss the questions in exercise 1 on page 35 to decide the style of the travel brochure about China
2. Guide students to summarize the way to create a travel brochure
3. Ask students to read a sample for them to follow
4.Ask students to create their own travel brochures about China</td><td>1. Discuss the questions in exercise 1 on page 35 to decide the style of the travel brochure about China
2.Summarize the way to create a travel brochure
3.Observe how to write a travel brochure about China following the sample
4.Create their own travel brochures about China</td><td>Purpose:
Let students create a travel brochure
Evaluation:
Students can create their own travel brochures about China</td></tr>
<tr><td colspan="4">板书设计</td></tr>
<tr><td colspan="4">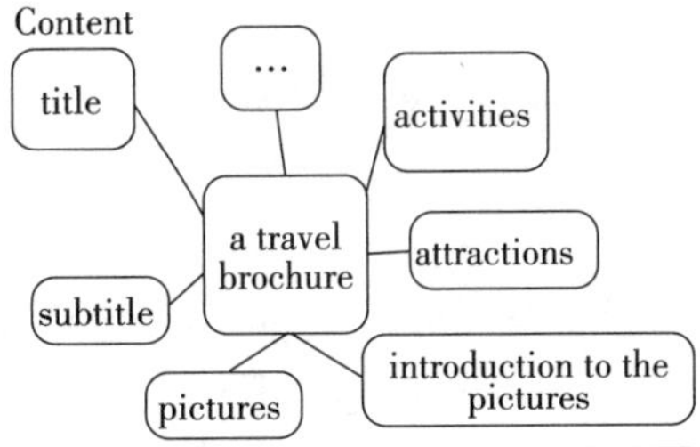

Pictures: typical and attractive...
Language: concise(简洁的)...
several pages with a list on the front page</td></tr>
<tr><td colspan="4">作业设计</td></tr>
<tr><td colspan="4">1. Search online for more information and then write out your travel brochure
2.Present your travel brochure to the class. Then vote on which trip your class would like to take</td></tr>
<tr><td colspan="4">教学反思</td></tr>
<tr><td colspan="4"></td></tr>
</table>

8.第9课时教学设计及流程,见表6-33、表6-34

表6-33　第9课时教学设计

课题	Video Time	课型	视听课
教学内容分析	本单元以多元文化为主题,展示了更多体现世界文化多样性的地区。该视频聚焦纽约市皇后区,展现美国的“熔炉”文化。在皇后区,将近一半人口出生在其他国家,居民来自100多个民族,有150多种语言。该视频包含几位来自不同种族的移民的自述,他们的英语或多或少带着各自母语的发音特点。视频最后还介绍了一项有趣的研究,用以判断一个地区是否体现文化多元性。本课通过复习、图片展示、名词定义及视频观赏,多层次地对文化多样性进行诠释,从多方面对学生辨析、提取、归纳信息的能力进行训练		
课程标准要求	语言能力:能通过观看视频内容,完成有关皇后区介绍的相关习题 学习能力:能采用速记技巧,记录观看过程中的关键词 文化意识:认识到世界文化的多样性,尊重不同民族的文化,在文化交流中和谐相处,共同促进人类文明的发展和繁荣 思维品质:能从多元文化视角观察和认识世界,学会探索和分析多元文化现象,养成批判性思维能力		
学习目标	1. 通过查字典,掌握生词的意思 2. 通过观看视频,了解皇后区的多元文化现象 3. 谈论皇后区及中国的多元文化现象		
教学重难点	教学重点:引导学生理解多元文化在城市发展中的体现,让他们学会用诠释和补充完善的方法,聚焦纽约市皇后区,展现美国的“熔炉”文化,最终认识世界文化的多样性,尊重不同民族的文化,在文化交流中和谐相处,共同促进人类文明的发展和繁荣 教学难点:1. 能用英文阐述或解释一些相关词汇或词组,并能运用于语句中 2. 在一节课中要完成如下任务:理解定义—观看视频—补全信息—交流和分享		
评价设计	课堂评价:学生能用本课所学内容描述一个地区的多元文化现象 作业评价:学生能写一篇短文描述体现文化多样性的地区		

表6-34 第9课时教学流程

环节任务	教师活动	学生活动	设计意图及评价要点
Step 1 Review	1. Review what students have learnt 2. Try to lead students to get a better understanding of "diversity"	1.Look at the pictures 2. Recall what they have learnt 3.Share opinions about "diversity"	Purpose: Activate students' background information about"diverse cultures" Evaluation: Students can talk about "diverse cultures" according to the given pictures
Step 2 Prediction	1. Ask some questions about "a melting pot" 2.Lead students to predict or talk about the characteristics of Queens	1. Free talk 2.Predict some characteristics of "a melting pot"	Purpose: Find the relation between diversity and "a melting pot" Evaluation: Students can share their ideas about "a melting pot"
Step 3 Before-watching	1. Show some pictures about Queens 2.Ask students to match each word or phrase with the correct definition	1. Look at the pictures and enjoy the views of Queens 2. Learn the key expressions of a difficult sentence in the text 3.Analyze the language features	Purpose: Help students to get some information about Queens Evaluation: Students can match each word or phrase with the correct definition
Step 4 While-watching	1.Ask students to watch the video and take some notes from it 2.Ask students to fill in the blanks	1.Watch the video and take some useful information 2. Complete the sentences with the correct words	Purpose: Know the diverse culture in Queens through a video by writing down some keywords Evaluation: Students can complete the sentences with the correct words

续表

环节任务	教师活动	学生活动	设计意图 及评价要点
Step 5 After-watching	Aim: Talk about the diverse culture in Queens and China with partners or group mates Ask students to discuss some questions in groups	Discuss the questions in groups Share your own ideas with the group mates and form a fully conclusion about "a melting pot"	Purpose: Learn more about the diverse culture in Queens and China Evaluation: Students can share ideas with group mates and form a fully conclusion about "a melting pot"
板书设计			
Unit 3 Diverse Cultures (Video Time) Useful expressions: global village resident ethnicity Hispanic random melting pot ...	Topics: A melting pot: History: Reasons for diverse cultures:	Requirements: 1. Match the right information quickly 2. Take some notes correctly 3. Express your opinions clearly	
作业设计			
1. Draw a mind map to introduce Queens 2. Group work: Presentations about a place with distinctive culture identity			
教学反思			

第七章

探索与实践促进教师专业成长

第一节 教师专业成长的重要性

一个学校最核心的力量一定是教师。自20世纪60年代以来，教师专业发展在教育领域始终是热点话题。英国学者霍伊尔(E. Hoyle)认为，教师专业发展即教师在职业生涯的各个阶段掌握必要的知识和技能，形成良好专业实践能力的过程，他认为教师专业化必须具备两个标准：教师社会地位的提升和教学能力的提升。教师专业化是教育发展的趋势，我国国家教育一直以来都十分重视教师队伍建设。因此，教师的专业成长是每个教师在迈上工作岗位的第一天就应该做好的职业规划。教师专业成长是指教师通过个人的努力提升自身的专业技能，建构专业理念，加深对学校和学生的理解，它同时也强调教师个人知识的获得。教师专业成长应该是在教师的职业生涯中连续不断、持续进行的，它强调终身学习和成长，教师应通过不断学习、反思和探究来提高专业水平。简单来说，教师专业成长是指教师向专业标准即专业化更进一步的过程。我国目前的教育形式已不再是“应试教育”，而是“素质教育”，因此在促使中小学生成长、保障基础教育进步方面，教师专业成长比任何时期都关键。新时期的教师专业成长对教师有了更高的要求，它既指教师在学科专业的发展，也包含了教师教育理念和教学方式的转变。

一、教师专业成长是落实立德树人根本任务的根本保障

党的十八大明确提出“把立德树人作为教育的根本任务”。党的十九大强调“落实立德树人根本任务,发展素质教育”。习近平总书记在全国教育大会上指出,要把立德树人融入思想道德教育、文化知识教育、社会实践教育各环节,贯穿基础教育、职业教育、高等教育各领域,学科体系、教学体系、教材体系、管理体系要围绕这个目标来设计。这对一线教师的专业素养要求更高,教师们要把立德树人的教育方针贯彻和融入自己日常的教学中。这不仅需要教师有过硬的教学本领,还需要教师能引导学生培育和践行社会主义核心价值观,弘扬中华传统文化,树立正确的历史观、民族观、国家观、文化观。在指向深度学习的中学英语单元整体教学实践与探索中,教师得到了专业化的成长,为教育的根本任务——立德树人做好保障。

二、教师专业成长是发展核心素养的重要支撑

《课标》提出,发展学生的英语学科核心素养是普通高中英语课程的具体目标。新型的“自主、合作、探究”等课堂教学模式与传统的授受式教学相比,向教师的专业提出了更高的要求。教师需要积极探索有效的教与学的方式,实施深度教学,落实培养学生英语学科核心素养的目标。学科核心素养是指学生在学习过程中逐步形成的关键能力、必备品格与价值观念,因此,教师的教学也不只局限在教会学生学科知识上。通过本课题的研究,教师需要分析单元的主题和教学内容,制定各单元的具体教学目标,梳理并概括与主题相关的语言知识、文化知识、语言技能和学习策略,并根据学生实际水平和学习需求,确定教学重难点,统筹安排

教学,进而发展学生的英语学科核心素养。这一系列挑战都有利于提升教师专业水平和促进教师专业发展,教师专业成长也就成为发展核心素养的重要支撑。

三、教师专业成长是新高考背景下的必然选择

在传统的教学模式中,衡量一个教师的水平的主要因素就是学生的分数。但在新高考背景下,更强调对学生综合素养的培养。因此,教师专业发展的评价标准也将发生较大的变化,这也是对教师专业成长提出了新的要求的表现。一是教师要让自己的专业知识结构更加完善。二是要持续提升自身教学能力,注重培养学生的研究和探索能力,这就要求教师在课堂上能引导学生深度学习,从而使学生能具备将知识用于解决问题的一系列能力。教师专业成长直接关系到整个教育事业的长久发展,是每一位教师都应放在心上的头等大事。

第二节 探索与实践促进教师专业成长

目前,在新课程标准和新高考的背景下,越来越多的教师有了提升自身专业水平的需求。移动互联网时代,广大教师的专业成长途径和形式都很多样化。办公室两两讨论,备课组集体备课,教研组开展研讨课,区域教研辐射引领,线上讲座,甚至是各个App平台的小视频学习等都可以促进教师的专业成长。那我们到底还有没有必要开展这次“指向深度学习的中学英语单元整体教学实践研究”呢?我想答案是肯定的。一是让我们课题组全体成员系统地、全面地了解最新的教育理念;二是老师们在开展课题研究的过程中不断反思,不断总结提炼,其具有其他形式的教研活动无法做到的整体性、连贯性特点。因此,该课题的开展对教师专业成长有深远的意义。

一、探索与实践可以促使教师加强和加深理论学习

习近平总书记在全国教育大会上指出,要努力构建德智体美劳全面培养的教育体系,形成更高水平的人才培养体系;要深化教育体制改革,健全立德树人落实机制,扭转不科学的教育评价导向,坚决克服唯分数、唯升学、唯文凭、唯论文、唯帽子的顽瘴痼疾,从根本上解决教育评价指

挥棒问题。2019年,教育部明确提出要立足全面发展育人目标,构建包括“核心价值、学科素养、关键能力、必备知识”在内的高考考查内容体系。

教育部考试中心发布《中国高考评价体系》,将立德树人融入考试评价全过程。高考评价体系以习近平新时代中国特色社会主义思想为指导,贯彻落实党的教育方针,是深化新时代高考内容改革的理论支撑和实践指南,是统筹推进高考综合改革和高中育人方式改革的重要载体,是提升高考治理能力的重要基础(教育部考试中心,2019)。在新的中国考试评价体系下,我们教师更应该了解最新、最前沿的教育方针,用评价体系来指导自己的教学。形成和提升教师专业素养是教师教育的核心任务,一线教师开展实践研究是提升教师专业素养的重要途径。本课题组在新高考背景下,结合立德树人的教育根本任务开展的“指向深度学习的中学英语单元整体教学实践研究”正是新时期教学改革的最好体现。为了更好地开展课题研究,课题组全体教师进行了深入的理论学习,了解“深度学习”“学科核心素养”“单元整体教学”这几个核心概念背后所蕴含的真正含义以及其中的重要关联,知其然且知其所以然。因此,指向深度学习的中学英语单元整体教学探索与实践促使教师加强了理论学习。

二、理论学习指导实践

目前,许多教师在专业成长中忽略了理论学习这一重要环节,他们以为专业成长只停留在“知识和技能”层面,忽视了我们在落实立德树人根本任务时所需要的理想和信念等精神层面的东西。因此,很多一线教师的教学就只停留在知识层面,在技术层面对过程和策略的探讨不足。这使得实践环节的理论指导相对薄弱,甚至理论与实践脱节,无法使理论更好地指导实践，也无法使实践过程中有好的理论支撑。“指向深度学习的中学英语单元整体教学实践研究”这一课题在实施过程中，要求教师先有理论支撑，再有教学实践。通过对文献的阅读，对教学实践的反思，对现存问题的探讨，总结提炼出科学、合理的指向深度学习的中学英语单元整体教学策略，从而开发中学英语单元整体教学设计，有效指导教师备课和教学，提高教师整合教材内容的能力，促进教师科研能力的提升，从而提高教师队伍素质。教师们的课堂教学变得更加结构化和学科核心素养化，教师们在实践过程中也更清晰地明白自己教学设计的依据和理念。

三、帮助教师更好地开展教学活动

指向深度学习的中学英语单元整体教学探索与实践可以帮助教师更好地开展教学活动。本课题中的深度学习是指学生主动地、积极地、批判地参与具有挑战性的、围绕特定主题的学习任务链，进而掌握英语学科核心知识和思维方式，并能将所学的知识迁移到生活情境中，解决实际问题的有意义的学习过程。中学英语单元整体教学实践是指依据课程标准，围绕主题语境，分析整合课程内容，整体设定目标和学习任务链，实施深度教学，实现知识迁移，解决实际问题，发展学生英语核心素养的教学理念和方式。教师在指向深度学习的中学英语单元整体教学探索与实践中，提高自身教学能力主要体现在以下方面：

（1）教师通过单元整体教学分析，制定单元整体教学目标，梳理并概括与主题相关的语言知识、文化知识、语言技能和学习策略，设计与主题相关的学习任务链，统筹安排教学，避免了脱离主题意义或碎片化的呈现方式，更有利于学生的知识结构化和思维结构化，完善学生的认知结构。

（2）在指向深度学习的中学英语单元整体教学的实践过程中，教师围绕单元主题语境整体设计学习活动，帮助学生对学科知识、策略知识进行觉知、调和、归纳、迁移。学生在任务驱动下，学会运用所学知识解决真实情境中的问题，同时，学生在交际过程中，提高了合作学习的能力。

(3)提炼出指向深度学习的中学英语单元整体教学实践策略，构建了课堂范式，改变了学科育人方式，也提升了学科育人的课程领导力，激发了学生学习英语的兴趣，提高英语学科核心素养，培养学生在真实情境中解决问题的能力，提升英语学科教学质量。

(4)通过对文献的阅读，对现存问题的探讨和对教学实践的反思，此研究有效地指导教师关注单元主题意义，拓展主题意义，提高教师的教学能力和科研能力，从而提高教师的教学素养。

四、落实教师立德树人目标的教育方向

根据《普通高中英语课程标准(2017年版2020年修订)》，英语学科核心素养主要包括语言能力、文化意识、思维品质和学习能力。其中语言能力是学科基础，文化意识是价值取向，思维品质是心智表征，学习能力是发展条件。通过本课题研究，教师在深度学习理念的指导下，进行启发式、探究式、体验式等教学，探索基于英语学科的课程综合化教学，开展研究型、项目化、合作式学习，提高课堂效率，提升教学质量。教学中教师要引导学生围绕单元的主题意义设计学习活动，通过实施单元整体教学策略，深挖文本，引导学生感悟和评价不同文化，激发学生分析综合、归纳演绎、抽象概括、判断推理等思维的发展；创设情境让学生使用所学的语言来提升语言能力，鼓励学生通过自主、合作、探究等手段进行小组评价和自我评价，实现学生的深度学习，培养学生的学习能力，使其终身受益。学生全身心参与、体验，其学科核心素养得到了发展，同时，教师立德树人的根本任务得到了落实。

第三节 探索与实践后的反思和建议

指向深度学习的中学英语单元整体教学探索与实践核心在于以学生为主体的教学方法,教师要充分发挥主导作用,深入分析语篇,结合学生生活实际提炼出有育人价值的主题意义。教师整体设计单元教学目标和分课时教学目标,围绕主题意义设计具有关联性、实践性的多层次的学习理解、应用实践和迁移创新活动,在探究活动中加深学生对主题意义的理解,提高他们的综合语言运用能力,提升他们的英语学科核心素养(李宝荣等,2019)。

单元整体教学应以单元主题为线索,将各子话题下的教学目标按照觉知、调和、归纳、迁移的顺序,规划出一系列由浅到深、由表及里的教材组织、资源开发和教学活动的实施方案,最终全面发展学生的核心素养和落实学科育人目标。

指向深度学习的中学英语单元整体教学探索与实践,要注重学生思维品质的训练,通过学习让学生"参与"人类已有的社会实践,使得人类历史与学生息息相关,使学生成为能够在历史中展望未来、创造未来的社会实践主体(刘月霞等,2018)。

参考文献

[1] BIGGS J. Individual differences in study process and the quality of learning outcomes [J]. Higher Education, 1979(8):381-394.

[2] Eric Jensen, LeAnn Nickelsen, 等. 深度学习的7种有力策略[M]. 温暖, 译. 上海: 华东师范大学出版社, 2010.

[3] 大学·中庸[M]. 王国轩, 译注. 北京: 中华书局, 2016.

[4] 何玲, 黎加厚. 促进学生深度学习[J]. 现代教学, 2005(5):29-31.

[5] 中华人民共和国教育部. 普通高中英语课程标准(2017年版)[S]. 北京: 人民教育出版社, 2018.

[6] 胡航, 李雅馨, 郎启娥, 等. 深度学习的发生过程、设计模型与机理阐释[J]. 中国远程教育, 2020(1):54-61.

[7] 郭华. 深度学习及其意义[J]. 课程·教材·教法, 2016, 36(11):25-32.

[8] 郭华. 如何理解"深度学习"[J]. 四川师范大学学报(社会科学版), 2020, 47(1):89-95.

[9] 维果茨基. 教育心理学[M]. 龚浩然, 等译. 杭州: 浙江教育出版社, 2003.

[10] 苏霍姆林斯基. 把整个心灵献给孩子 [M]. 唐其慈，毕淑芝，赵玮，译. 天津：天津人民出版社，1981.

[11] 杜威. 我们如何思维 [M]. 伍中友，译. 北京：新华出版社，2010.

[12] 刘月霞，郭华. 深度学习：走向核心素养(理论普及读本)[M]. 北京：教育科学出版社，2018.

[13] 许莎莎. 大观念视角下高中英语单元整体教学设计实践 [J]. 广东教育(综合版)，2022(4)：53-54.

[14] 崔允漷. 如何开展指向学科核心素养的大单元设计 [J]. 北京教育(普教版)，2019(2)：11-15.

[15] 郑葳，刘月霞. 深度学习：基于核心素养的教学改进 [J]. 教育研究，2018，39(11)：56-60.

[16] 王蔷，周密，蔡铭珂. 基于大观念的高中英语单元整体教学设计 [J]. 中小学外语教学(中学)，2021，44(1)：1-7.

[17] 教育部考试中心. 中国高考评价体系 [M]. 北京：人民教育出版社，2019.

[18] 王蔷，孙薇薇，蔡铭珂，等. 指向深度学习的高中英语单元整体教学设计 [J]. 外语教育研究前沿，2021，4(1)：17-25.

[19] 张浩，吴秀娟，王静. 深度学习的目标与评价体系构建 [J]. 中国电化教育，2014(7)：51-55.

[20] 赵尚华. 初中英语教学关键问题指导 [M]. 北京：高等教育出版社，2015.

[21] 邵慧娟. 基于促进深度学习的中学英语阅读教学路径 [J]. 教师博览，2019，9(2)：8-11.

[22] 陈宇博. 基于语篇组织模式下的英语阅读文本解构的行动研究 [J]. 中小学英语教学与研究，2020(4)：43-47.

[23] 王笃勤. 英语阅读教学[M]. 北京:外语教学与研究出版社,2012.

[24] 胡航. 技术促进小学数学深度学习的实证研究[D]. 长春:东北师范大学,2017.

[25] 林立. 英语语法教学[M]. 北京:外语教学与研究出版社,2013.

[26] 庄晓瑛. 初中英语过程性写作教学策略的应用研究[J]. 中小学外语教学(中学),2016,39(9):32-37.

[27] 程晓堂,孙晓慧. 英语教材分析与设计[M]. 北京:外语教学与研究出版社,2011.

[28] 中华人民共和国教育部. 普通高中英语课程标准(实验)[S]. 北京:人民教育出版社,2003.

[29] 高丽绪. 人教版高中英语教材分析及实施策略研究[D]. 济南:山东师范大学,2012.

[30] 王蔷,周密,蒋京丽,等. 基于大观念的英语学科教学设计探析[J]. 课程·教材·教法,2020,40(11):99-108.

[31] 马娟. 深度学习下英语教学活动的思考与探究[J]. 小学教学研究,2019(1):91-94.

[32] 张泰刚. 主题意义探究视阈下英语课堂学习活动设计存在的主要问题分析[J]. 中小学英语教学与研究,2020(6):25-28.

[33] 唐雄英. 教育评价范式转变中的英语教学评价实践[M]. 上海:上海外语教育出版社,2015.

[34] 万伟,秦德林,吴永军. 新课程教学评价方法与设计[M]. 北京:教育科学出版社,2004.

[35] 解浩刚. 课堂教学评价的有效策略[J]. 小学科学(教师版),2016(2):15.

[36] 夏征农,陈至立. 辞海[M]. 上海:上海辞书出版社,2009.

[37] 顾明远. 教育大辞典(增订合编本)[M]. 上海:上海教育出版社,1998.

[38] 李学书,范国睿. 作业减负的路径重建:基于课程标准的设计[J]. 基础教育,2016,13(1):26-32.

[39] 王月芬. 重构作业:课程视域下的单元作业[M]. 北京:教育科学出版社,2021.

[40] 梅德明,王蔷.《普通高中英语课程标准(2017年版)》解读[M]. 北京:高等教育出版社,2018.

[41] 袁东波. 核心素养导向的作业与命题设计[M]. 天津:天津人民出版社,天津教育出版社,2020.

[42] 傅建国,于建文. 创新作业33例[M]. 北京:世界知识出版社,2017.

[43] 上海市教育委员会教学研究室. 初中英语单元教学设计指南[M]. 北京:人民教育出版社,2018.

[44] 李宝荣,闻超,庞淼,等. 基于主题意义进行单元整体教学的实践思路和策略[J]. 英语学习,2019(2):32-45.